ŒUVRES

DE

A. de Lamartine

POÉSIES INÉDITES

PARIS

ALPHONSE LEMERRE, ÉDITEUR

27-31, PASSAGE CHOISEUL, 27-31

M DCCC LXXXVI

CETTE ÉDITION

est publiée par les soins de la Société propriétaire

des

ŒUVRES DE LAMARTINE

OEUVRES

DE

A. de Lamartine

OEUVRES
DE
A. de Lamartine

POÉSIES INÉDITES

PARIS

ALPHONSE LEMERRE, ÉDITEUR

27-31, PASSAGE CHOISEUL, 27-31

M DCCC LXXXVI

PRÉFACE

E livre est du plus grand intérêt pour l'histoire littéraire. Remercions la main pieuse qui l'a recueilli : elle a préparé des éléments indispensables au portrait du plus beau génie de notre temps. Rien ne manquerait sans doute à la gloire du maître si ces fragments étaient restés inconnus ; mais il manquerait beaucoup à l'instruction des critiques et beaucoup à nos jouissances.

Outre des nouveautés charmantes, nous trouvons dans ces pages inédites l'abrégé le plus exact de la grande œuvre que nous connaissions. Le poëte s'y montre sous ses faces les plus diverses, et ce recueil suffirait pour nous révéler la nature de son esprit et pour marquer sa place.

Le volume s'ouvre par deux tragédies écrites en 1813, pendant la première jeunesse de l'auteur. C'est un tribut payé au goût du temps. Le génie le plus original ne peut soustraire aux influences régnantes ses premiers coups d'aile; mais son essor l'emporte bien vite au-dessus des courants inférieurs.

La *Médée* de Lamartine, oubliée de lui et retrouvée par hasard, vaut certainement comme conception la foule des *Médées* qu'on a mises au théâtre. Comme style et comme langue poétique, elle révèle déjà l'écrivain supérieur. Tandis que les tragiques du premier Empire copient et affadissent les vers déjà si prosaïques et si décolorés des pièces de Voltaire, le noble instinct du jeune débutant le porte vers un meilleur modèle. Destiné, quand il aura trouvé sa voie, à devenir par l'incomparable mélodie de son style l'heureux rival de Racine, il s'attache à lui dès ses premiers pas. C'est là surtout ce qui nous frappe et nous instruit dans la *Médée*.

Zoraïde, sujet d'invention et dont nous n'avons que deux actes écrits à la même époque, nous paraît inférieure. Quelques souvenirs de *Zaïre* et de *Mahomet*, qu'écartait un sujet grec comme *Médée*, se font sentir dans les idées et dans le style de *Zoraïde*; la pièce n'y gagne en aucune façon.

L'admirable fragment de l'épopée du *Chevalier*, qui resplendit à côté de ces essais de tragédie, nous montre ce que devient le génie du poète quand il a trouvé sa sphère propre, et qu'il s'y déploie librement. La vigueur, l'originalité, le belle couleur de ce morceau, ne tiennent pas seulement à la virilité d'un esprit plus mûr, à la justesse, à l'élévation supérieure de ses points de vue; elles tiennent aussi beaucoup au genre de poésie plus approprié à sa vocation, dans lequel il se meut sans entrave et sans guide, comme le souverain créateur des régions qu'il va parcourir.

Lamartine n'est pas un poète dramatique, il est quelque chose de plus.

La nature d'esprit, les qualités d'âme nécessaires pour imaginer un ensemble de poèmes comme *Les Visions* excluent le génie du théâtre. L'épopée telle qu'on la concevait jadis, celle d'Homère et de Virgile, du Tasse et du

Camoens, l'épopée historique et guerrière suppose des intelligences plus vastes que la tragédie ; le génie épique a besoin de plus d'espace pour déployer ses larges ailes. Que sera-ce donc quand le poète passe du domaine de l'histoire à celui des conceptions religieuses, et des faits politiques à ceux de la cosmogonie morale ; alors que le poème se déroule, non pas seulement à travers une partie de notre globe, mais dans les régions infinies que parcourent les âmes et dans le sein même de l'Éternel ?

Lamartine, ce poète des nobles amours, que l'on a voulu confiner dans l'étroit vallon de l'élégie, et dont on essaye de faire un mélancolique entre Millevoye et Musset, Lamartine est par-dessus tout un poète religieux, un philosophe, un mage de la nature, le poète de l'universel et du divin. Pas une âme, que je sache, dans toutes les littératures, n'a eu plus profondément que la sienne le sentiment, l'intuition de l'infini ; pas un poète n'a réussi comme lui à nous faire voir l'invisible, à nous faire toucher l'immensité, à nous enivrer de l'omni-présence de Dieu.

Dante a fait l'épopée de la théologie scholastique, du patriotisme italien, des haines et des perfidies florentines, et enfin de ce césarisme qui depuis tant de siècles est le rêve de l'Italie après avoir été la honte de l'humanité. On ne saurait admirer avec trop de passion, étudier avec trop de patience l'incomparable style de Dante; chacun de ses vers est un bas-relief d'airain. On a écrit des milliers de volumes à son éloge, et l'on n'a rien dit de trop. Mais nous oserons affirmer que, malgré le sujet de son poème, la sincérité de sa foi catholique, son profond savoir en théologie, Dante est un poète aussi peu religieux que tous les autres poètes italiens. C'est avant tout, comme la plupart des grands hommes de son pays, un politique; son épopée de la théologie chrétienne est l'épopée de la colère. Malgré les splendeurs de son *Paradis*, c'est à juste titre que son *Enfer* seul est resté populaire. Le théologien catholique est dominé chez lui par le politique florentin, le poète religieux par l'homme de parti. Après nous avoir montré l'enfer comme la base du monde moral, sa haine le pousse en dehors de toute justice et de tout sens commun dans la peinture de Satan, de celui qui, selon la théologie dantesque, porte au fond de l'abîme tout le poids de la création. Dussé-je être seul et contre tous, je déclare que dans aucune poésie, même dans les épopées panthéistes de l'Orient où fourmillent les monstres à mille têtes et les divinités insensées, je ne connais rien de grotesque, d'impie et de révoltant comme ce diable à trois bouches qui remâche pendant toute l'éternité les nobles âmes de Brutus et Cassius avec celle de Judas.

Certes, la politique n'est pas absente du poème de Milton ; la révolution d'Angleterre y laisse des traces incontestables ; l'enfer y tient aussi une très large part. Mais, après tout, cet Anglais révolutionnaire et protestant se montre plus religieux, plus humain, plus chrétien, que l'autoritaire et catholique Dante. A côté de Milton, je me sens plus loin de la théologie du moyen âge, cela est sûr ; mais je me sens plus près des véritables régions divines et plus en plein dans le monde moral. Comme écrivain, comme artiste et sculpteur de la parole, l'Anglais Milton est naturellement très inférieur à l'Italien Alighieri, le plus étonnant par le style de tous les poètes modernes, mais sa foi chrétienne est aussi vive ; et, malgré son âpreté puritaine, sa religion est moins terrifiante que celle de la *Divine Comédie*.

La terreur disparaît entièrement de l'épopée

de Lamartine. A travers les épreuves nécessaires pour nous rendre capables de l'éternelle béatitude, l'âme humaine se donne carrière dans ces poèmes avec toute la sécurité de la foi, de l'espérance et de l'amour. Cet esprit pacifique, cette incapacité de haïr, cette indulgence universelle, qu'on a reprochés à Lamartine historien et politique, et qui sont, en effet, très discutables chez un homme d'État, deviennent chez le penseur et le poète les plus hautes qualités ; elles forment l'élément essentiel de l'esprit religieux. C'est l'immensité de l'amour et des aspirations vers l'infini, c'est la certitude dans l'attente du bien, c'est la perpétuelle adoration de la bonté de Dieu, qui nous frappent surtout dans la conception épique de Lamartine. Voilà pourquoi nous disons hardiment qu'elle est la plus religieuse entre toutes celles qui nous soient parvenues. C'est aussi la plus vaste, car elle n'embrasse pas seulement une époque, fût-ce la période cosmogonique et l'âge de l'Éden, mais toute la durée de notre monde, depuis l'apparition de l'âme sur la terre jusqu'à son retour dans le sein de Dieu. C'est la plus spiritualiste, car le drame s'accomplit tout entier dans l'âme elle-même et dans l'ordre moral. Il ne s'agit pas des destinées d'un empire, de la prise d'une ville, de la fondation d'une dynastie ; il s'agit des destinées éternelles de l'homme, de l'être intelligent et libre, de ce qu'il y a de plus grand dans l'univers après Dieu lui-même.

Sur ces dix *Visions* qui devaient embrasser tout le cycle du développement humain, nous n'avons que deux poëmes complètement achevés : *Jocelyn* et *La Chute d'un ange*. Mais le plan subsiste ; il est reproduit dans ce volume avec des fragments inédits. Ce plan suffit pour nous faire connaître l'idée mère, la philosophie de cette conception ; et *Jocelyn*, ce chef-d'œuvre de notre poésie, nous montre comment l'œuvre eût été exécutée si l'auteur avait pu se consacrer tout entier à ce monument.

Chacune de ces dix *Visions* marque à la fois une des grandes époques de l'histoire et un des degrés par où l'âme tombée se relève en expiant ses fautes ; l'homme reçoit dans chacune de ces phases de son existence une initiation supérieure, se rapprochant par chaque victoire sur lui-même de la vie bienheureuse à laquelle Dieu l'a destiné. L'idée d'une chute primitive, la douleur considérée comme le châtiment de cette chute, comme l'instrument de l'expiation et le grand ressort du progrès moral, telle est l'idée parfaitement orthodoxe qui domine tous ces poèmes. Cette idée s'impose à toutes les philosophies dignes de ce nom. L'éternelle présence de la douleur sur ce globe ne permet à l'esprit de concevoir aucun drame sérieux où elle n'apparaisse. Il s'agit de la montrer dans sa véritable essence, l'expiation, et dans son but, la réhabilitation et le progrès. Ceux qui prétendent expliquer la destinée humaine sans l'idée de la douleur, ceux qui en nient la nécessité et n'en voient pas le but, ceux qui prétendent la supprimer ici-bas par la science, ne sont même pas des enfants !

Mais la douleur devenue nécessaire par la faute primitive, le mal créé par la chute, n'ont pas, aux yeux de l'auteur des *Visions*, une telle prépondérance dans l'univers que le poète soit entraîné, par une imagination terrifiante comme celle des chantres de l'enfer, à faire du mal un principe indestructible et à proclamer son éternité. Les *Visions* finissent par une victoire complète du bien, par la réhabilitation de l'âme tombée et par son immortelle glorification.

Le fragment de la huitième *Vision*, inconnu jusqu'à ce jour et intitulé *Le Chevalier*, est un morceau très important et d'une exécution achevée. Il a du moins reçu toute la perfection sans minutie que Lamartine, ce merveilleux improvisateur, donnait à ses vers si faciles et si abondants. Lamartine est dans notre littérature, dans toutes peut-être, le *trouveur* par excellence; aucun poète n'abonde comme lui en vers qui semblent être sortis de l'âme de l'auteur et de la langue qu'il parle, comme une fleur sort de la sève et du rameau.

Ce simple épisode, où les personnages ont à peine le temps d'indiquer leur caractère, a la plus grande valeur comme peinture; c'est un vrai type de la description et du génie pittoresque dans Lamartine. Le talent du poète comme paysagiste est reconnu; mais sa supériorité en ce genre et les allures de son pinceau ne sont peut-être pas bien comprises. L'art de peindre le monde extérieur par la parole a été poussé très loin de nos jours; certains poètes savent nous faire voir et toucher les objets matériels, de telle sorte que leurs tableaux émeuvent nos sens et nos nerfs presque autant que la réalité; il ne s'agit pas pour eux d'interpréter poétiquement la nature, mais de la reproduire presque mécaniquement. Les peintures de Lamartine, si vives qu'elles soient de couleur, et surtout ses paysages, ont une tout autre portée. Ils expriment la vie, l'esprit, l'âme des choses, mieux encore qu'ils n'en reproduisent la forme sensible. Je ne dirai pas que Lamartine *idéalise* la nature, dans le sens de corriger et d'embellir, mais il l'anime et la spiritualise; il en fait jaillir tout ce qu'elle renferme de moral et de divin. La nature devient sous son pinceau non seulement un portrait de l'âme humaine, mais comme une esquisse de la divinité; l'infini s'y reflète, l'intelligence et l'amour s'en exhalent de toutes parts. Lamartine peint toute chose d'une façon tellement fluide, transparente, intellectuelle, que les formes prennent des ailes sous son pinceau ; toute la création semble vivre de la vie de l'esprit et s'envoler dans une perpétuelle ascension vers l'intelligence et l'amour suprême dont elle émane. D'autres poètes abaissent et matérialisent l'expression des choses les plus élevées, comme pour mettre les objets en contact avec nos sens et leur soustraire, au profit du relief et de la couleur, tout ce qu'ils expriment du monde moral. Ces peintres épaississent, alourdissent la physionomie de toute chose et jusqu'aux paysages les plus éthérés. Dans les tableaux de Lamartine, la scène semble vivre comme les acteurs. Le paysage se développe, ondule et flotte autour des héros du drame, comme, dans une symphonie de maître, l'accompagnement se déroule autour de la mélodie.

L'épisode inédit du poème du *Chevalier* nous montre ces qualités du paysage et des descriptions de Lamartine à un degré aussi élevé que *Jocelyn* lui-même. Le génie tout particulier que ce maître apporte à peindre le monde extérieur fait de lui par excellence le poète de la nature; d'autres n'en sont que les imagiers et les photographes.

Les pièces lyriques qui complètent le volume datent des époques les plus diverses de la vie de Lamartine; quelques-unes sont d'une grande beauté. Les stances à César Alfieri, écrites du temps des *Méditations* et omises, on ne sait pourquoi, dans ce recueil, se terminent par de nobles vers qu'on dirait pensés par Corneille, et qui possèdent de plus que les siens la musique et l'accent propre au poète lyrique :

> Aux bords de la Seine ou du Tibre,
> Sous un consul ou sous un roi,
> Sois vertueux, tu seras libre,
> Ton indépendance est en toi.

Le Lac et *L'Isolement**, ces deux chefs-d'œuvre, reproduits avec quelques variantes et des strophes inédites, sont devenus, sous cette forme nouvelle, de précieux documents pour la critique. Lamartine corrigeait fort peu ses premiers jets; sa composition était souvent une sorte d'improvisation, tant elle était rapide. Il écrivait d'un trait sûr, comme les poètes grecs, comme tous ceux qui sont les inventeurs, les originaux, les *trouveurs* par excellence. Mais la clairvoyance et le jugement sévère du critique ne lui manquaient point, quoique son esprit sympathique l'appliquât rarement aux productions d'autrui. Un scrupule de discrétion et de spiritualisme délicat, tel que n'en connaissent pas les poètes de l'école rivale, avait fait effacer par l'auteur du *Lac* deux strophes entières, toutes deux fort belles, mais d'un accent plus vif et plus passionné que les autres. La pièce, telle qu'elle est connue, ne diffère de la version primitive que par cette suppression et par le changement de trois hémistiches. Ces dernières corrections montrent une sûreté de sens

---

* *L'Isolement* est reproduit avec les variantes dans la *Correspondance de Lamartine*, t. II, p. 228. Pour *Le Lac*, voyez la pièce dans ce volume des *Poésies inédites*.

critique que le maître exerçait trop rarement.

Il serait difficile de donner aux lecteurs et aux auteurs d'aujourd'hui une idée exacte de ce que fut Lamartine pour la société dans laquelle il apparut, il y a un demi-siècle et pendant les vingt années de splendeur intellectuelle qui ont marqué les derniers règnes des Bourbons. Ceux-là seuls pourront nous comprendre qui ont vu, comme nous, la fin de cette brillante période et qui se sont ouverts à la vie de l'esprit sous l'influence encore dominante des poètes et des orateurs de ce temps.

On admire à présent par-dessus tout l'adresse mécanique des prosateurs et des rimeurs, la force de leur tempérament, l'habileté avec laquelle ils reproduisent pour le toucher et pour la vue les détails de la nature matérielle, la surexcitation contagieuse de leurs nerfs et l'ivresse d'alcool que leurs tableaux communiquent à nos sens. Au lieu de la peinture du monde idéal on ne retrouve plus dans les œuvres d'imagination que la photographie coloriée des réalités les plus basses. Un des témoignages les plus innocents de cette importance exclusive donnée à la forme aux dépens de la pensée, à la nature aux dépens de l'esprit, c'est ce nom d'*artistes* que les écrivains de nos jours, prosateurs et poètes, acceptent si volontiers, et qui les achemine fatalement vers celui d'artisans. Lamartine, grâce à Dieu, est le moins artiste de tous les poètes; il est par excellence le chanteur et l'enchanteur, il est le magicien et le charmeur des âmes, entre tous ceux qui se sont servis de la parole humaine. Si la plus haute fonction de la poésie est d'interpréter la nature dans le sens de l'idéal, d'en extraire pour ainsi dire tout ce qu'elle renferme d'intelligence et d'amour, de la mettre en sympathie avec le cœur humain, et d'en faire vis-à-vis de nous l'infaillible truchement de la pensée divine, l'auteur des *Harmonies* et de *Jocelyn* est à coup sûr le premier représentant de la grande poésie dans notre littérature et peut-être dans toutes les littératures de l'Europe.

Les vrais poètes s'adressent tous à d'autres facultés qu'à l'imagination sensible ; ils provoquent en nous autre chose qu'une simple volupté de l'esprit. Leur œuvre n'est pas seulement douce, elle est belle de la beauté morale. Ils nous communiquent un surcroît de vie intérieure ; ils nous raniment, ils nous persuadent, ils nous instruisent; c'est-à-dire qu'ils nous dressent à tous les nobles combats de l'esprit et à l'exercice des vertus difficiles.

Lamartine fait pour nous quelque chose de plus, et c'est là ce que j'appelle sa magie. Il nous prend sur ses ailes; il nous enlève à des hauteurs où plus rien de grossier, de vulgaire, de médiocre n'apparaît à nos regards. Durant ce voyage, il transforme dans le divin toutes les choses à l'usage de notre âme et cette âme elle-même. L'amour, quand il s'exprime dans l'incomparable mélodie de ses vers, n'est plus seulement un bonheur, il devient une vertu. Un simple regard jeté par le poète sur la nature s'accompagne d'un essor de l'âme tout entière vers le Créateur. Ses moindres études de paysage sont des esquisses du monde invisible.

Chacune des promenades que nous faisons avec lui dans les forêts ou sur les grèves est une contemplation et une prière. Il n'a pas besoin de dogmatiser comme certains rimeurs qui prétendent avoir *charge d'âmes*; il nous saisit d'une main irrésistible, nous arrache à nous-mêmes et à la terre, nous enlève à travers les sphères en un ravissement continu, et nous précipite dans le sein de Dieu.

> Ainsi, quand l'aigle du tonnerre
> Enlevait Ganymède aux cieux,
> L'enfant s'attachant à la terre
> Luttait contre l'oiseau des Dieux ;
> Mais entre ses serres rapides
> L'aigle, pressant ses flancs timides,
> L'arrachait aux champs paternels,
> Et, sourd à la voix qui l'implore,
> Il le jetait, tremblant encore,
> Jusques aux pieds des immortels*.

Les âmes d'aujourd'hui seraient plus difficiles à déraciner de la terre que celles des premiers lecteurs de Lamartine. Je doute que sa voix divine, s'il chantait encore, fît battre les cœurs de la jeunesse comme les nôtres ont battu aux strophes des *Méditations* et des *Harmonies*. Est-ce l'immortelle poésie qui a vieilli ? Est-ce que dans la société présente les hommes naissent trop vieux pour goûter ce lait et ce miel de l'âge d'or ?

Je ne sais ; mais avoir compris, avoir aimé, avoir adoré cet incomparable chantre du divin dans la nature et de l'idéal dans l'amour, c'est pour ceux de notre génération plus qu'un souvenir de volupté, c'est un sujet d'orgueil. Plaignons la société polie et les classes cultivées si elles arrivent à préférer à Lamartine

---

* *Méditations*, L'Enthousiasme.

n'importe lequel de ses contemporains. Je verrais dans cette préférence un notable abaissement du niveau moral tout autant que du goût littéraire.

Mais la faveur publique revient au grand poète spiritualiste. L'intelligence française a trop d'exactitude et de noblesse pour se prêter longtemps aux débauches de l'imagination et des sentiments grossiers. D'ailleurs ces aberrations du goût n'atteignent jamais le groupe des âmes délicates qui forment dans tous les temps le vrai public de la poésie. Les adorateurs de Lamartine composent une sorte d'église indestructible et qui doit survivre aux écoles les plus bruyantes et les plus populaires.

Pour nous, l'un de ses disciples, après tant d'autres, et l'un des amis de son auguste et douloureuse vieillesse, nous lui rendons un véritable culte, depuis le jour où nous nous sommes éveillés à la vie de l'esprit. Il est le créateur des régions enchantées où vécut notre jeunesse : nos plus pures, nos plus hautes jouissances, c'est à lui que nous les devons ; l'âge lui-même n'émousse pas la vivacité de ce sentiment et n'en altère pas la sereine profondeur.

Le sens critique devient avec les années plus susceptible et plus chagrin. Quand on vieillit, le plaisir de lire naïvement s'évanouit quelquefois dans l'habitude et le besoin de juger. La poésie de Lamartine est la seule que nous relisions encore avec notre âme de la vingtième année. Il semble qu'elle nous communique son éternelle jeunesse. L'incomparable musique de ce vers endort la critique comme la lyre d'Orphée endormait les gardiens et les juges infernaux. Mais cette ivresse est aussi bienfaisante que d'autres sont délétères. L'âme s'en réveille fortifiée et rajeunie, purifiée dans ses amours, agrandie dans ses conceptions, plus ardente et plus vive dans son essor vers l'infini.

Les illusions mêmes que le poète a fait naître ont été des bienfaits. Malheureux qui ne les a pas un moment partagées! Lamartine a traversé la politique comme une aurore pleine de promesses. Les espérances de paix, de liberté, de fraternité, qui ont fasciné la France et l'Europe pendant quelques jours de ce siècle, se rattachent à son nom. Est-ce par sa faute qu'elles se sont si vite évanouies?

Il a porté dans toutes ses aspirations sociales la hauteur et la douceur de ses vers. Il fut par-dessus tout l'homme et le poète du grand amour. Par quelle veine que s'épanche son inspiration, la poésie ou l'éloquence, je défie que dans toute cette âme on trouve une seule goutte de fiel. Au niveau de la beauté de ses poèmes, l'avenir mettra leur pureté et leur bienfaisance.

Victor de Laprade.

MÉDÉE

TRAGÉDIE

Sit Medea ferox invictaque...

PERSONNAGES

CRÉON, roi d'Athènes.
JASON.
ÉGISTHE, confident de Jason.
MÉDÉE.
CRÉUSE, fille de Créon.
IPHISE, confidente de Médée.

La scène est à Athènes.

COMMENCÉ LE 1ᵉʳ OCTOBRE 1813 A MILLY
FINI LE 20 NOVEMBRE 1813 A MILLY

MÉDÉE

TRAGÉDIE

ACTE PREMIER

SCÈNE PREMIÈRE

ÉGISTHE, JASON

JASON.

Enfin, après six mois d'une absence cruelle,
Le ciel à mes désirs rend un ami fidèle ;
Je te revois, Égisthe, et mes vœux sont remplis.

ÉGISTHE.

Grâces au ciel, Seigneur, les miens sont accomplis !
La fortune a changé : notre triste patrie,
Par un usurpateur trop longtemps asservie,
De son lâche sommeil s'éveillant à ma voix,
Redemande à grands cris le pur sang de ses rois.

JASON.

Que dis-tu ?

ÉGISTHE.

Qu'indigné de son long esclavage,
Le parti de Jason relève son courage
Et jusque dans Larisse a déjà fait trembler
Le superbe tyran qui croyait l'accabler.
En vain, pour affermir son trône qui chancelle,
Du fier usurpateur l'autorité cruelle
Fait couler à grands flots le sang de ses sujets
Et croit par la terreur assurer ses projets ;
En vain, pour s'attacher un peuple mercenaire,
Il frappe de tributs la Thessalie entière
Et des honteux trésors aux peuples arrachés
Assouvit les flatteurs à son trône attachés,
Vils esclaves sur qui notre haine retombe,
Fidèles s'il est roi, mais ingrats s'il succombe !
Le peuple, à leurs excès imputant ses malheurs,
Soulève enfin le joug de ses fiers oppresseurs ;
Il vous attend. Seigneur, il est temps de paraître,
De lui montrer son roi, son vengeur et son maître,

Et de venir enfin, de ce peuple suivi,
Reconquérir le trône à votre sang ravi.

JASON.

Égisthe, je rends grâce à l'ardeur de ton zèle
Et sais apprécier un avis si fidèle.
Je brûle de m'asseoir au rang de mes aïeux,
Mais je ne puis encore abandonner ces lieux.

ÉGISTHE.

Et qui peut donc, Seigneur, vous fixer dans Athènes ?
N'avez-vous pas brisé les trop indignes chaînes
Dont Médée arrêtait votre heureuse valeur,
Et de vous-même enfin n'êtes-vous pas vainqueur ?

JASON.

Il est vrai : j'ai vaincu mon amour pour Médée ;
Mais par un autre feu mon âme possédée,
Égisthe, m'apprend trop que jusques à ce jour
Je n'avais pas connu tout l'excès de l'amour.

ÉGISTHE.

Qu'entends-je ! Eh quoi, Seigneur ?....

JASON.

Oui, cher Égisthe, écoute.
(Mon front à cet aveu devrait rougir sans doute !)
Tu vas pouvoir juger de l'excès de mes feux :
Pour la première fois je me crois amoureux.
Tu sais comment, fuyant l'heureuse Thessalie,
Athènes pour Jason fut une autre patrie.

Son roi, fidèle appui des héros malheureux,
M'y reçut, m'y combla de secours généreux.
Accueilli dans sa cour, j'y vis bientôt sa fille,
Unique rejeton d'une illustre famille,
Héritière d'Athène et de ces heureux bords
Que la nature et l'art ornent de leurs trésors.
Je la vis, je sentis le pouvoir de ses charmes,
J'oubliai mes malheurs, j'oubliai mes alarmes,
Je ne vis que Créuse, et mon cœur éperdu
Crut retrouver bien plus que ce que j'ai perdu.
Que dirai-je ? Enivré de ma folle tendresse,
J'osai tomber aux pieds de ma belle princesse,
J'osai de mon amour lui déclarer l'ardeur.
Je ne sais si ces noms de héros, de vainqueur,
Le bruit de mes exploits, de mes malheurs peut-être,
Ont nourri dans son cœur l'amour que j'y fis naître :
Quoi qu'il en soit, Égisthe, à mon esprit charmé
Elle ne put cacher combien j'étais aimé.
Depuis ce jour heureux, Créon, dont l'indulgence
Jette sur nos amours un œil de complaisance,
Créon ne voit en moi qu'un héritier, qu'un fils,
Et Créuse et son trône à Jason sont promis !
Bientôt même l'hymen...

ÉGISTHE.

Seigneur, qu'osez-vous dire ?
Et quel est cet hymen où votre cœur aspire ?
Oubliez-vous Médée, et voulez-vous deux fois
D'un hymen méprisé violer les saints droits ?
La Grèce a vu les pleurs de la triste Hypsipyle,

Loin des heureux États d'où son amour l'exile,
Redemandant partout son époux inconstant,
Attester tous les dieux garants de vos serments.
Hypsipyle a borné sa vengeance à ses larmes,
Mais croyez que Médée emploiera d'autres armes,
Que sa rage atteindra son infidèle époux.
Je sais (un bruit du moins l'a semé parmi nous)
Que Médée a caché dans l'obscure Scythie
Les restes malheureux de sa coupable vie;
Mais, quel que soit l'espace entre elle et vous, Seigneur,
Craignez tout de son art et tout de sa fureur.

JASON.

Cesse de t'alarmer, cher Égisthe, mon âme
Ne connaîtra jamais la crainte d'une femme;
Et, quels que soient son art, ses appuis, ses fureurs,
Jason n'en sut jamais redouter que les pleurs.
Cependant, je l'avoue, une pitié secrète,
Même dans ces instants, rend ma joie imparfaite.
Je ne vois point sans peine au sein de ce palais
L'épouse de Jason, la fille d'Eétès,
Témoin de ce bonheur...

ÉGISTHE.

        Eh quoi! Seigneur, Médée
Serait-elle en ces lieux?

JASON.

        Obscure et déguisée,
Elle s'y cache, Égisthe, et sous un autre nom
Se voile à tous les yeux et surtout à Créon.

ÉGISTHE.

Qu'entends-je !

JASON.

Tu connais les fureurs légitimes
Dont les rois de la Grèce ont poursuivi ses crimes.
Leur trop juste courroux, qui la suit en tous lieux,
A juré de laver dans son sang odieux
Le meurtre de Pélée, et jusque dans Athène
Elle doit redouter les suites de leur haine.
Cependant, quand le roi m'entr'ouvrit ses États,
Moi-même dans sa cour je conduisis ses pas ;
En illustre captive à ma suite enchaînée,
Jusqu'aux yeux de Créon elle fut amenée.
Le roi, toujours trompé par ce déguisement,
Lui rendit les honneurs qu'on devait à son rang,
Jusque dans son palais accueillit la princesse ;
Et moi, pour mieux tromper et Créon et la Grèce,
J'ai répandu partout qu'en un exil lointain
Médée allait cacher sa honte et son chagrin.
Ce bruit qui l'a séduite éloigne de sa tête
La vengeance et la mort qu'à son crime on apprête ;
Et jusque dans le sein de ses fiers ennemis
Elle coule en repos des jours partout proscrits.
C'est peu : son art, ses pleurs, sa beauté, sa jeunesse,
Ont su toucher le cœur de la jeune princesse ;
La plus tendre amitié les unit toutes deux.
Je vois avec douleur se resserrer ces nœuds,
Et que, sans se connaître, une amitié fatale
Unisse imprudemment Médée à sa rivale.

ÉGISTHE.

L'amitié de Médée est un piège, Seigneur.

JASON.

Avant de resserrer ce nœud plein de douceur,
Je voudrais, cher Égisthe, écartant mon épouse,
Prévenir les excès de sa douleur jalouse.
J'éloignais jusqu'ici par des retards prudents
De mon nouvel hymen les fortunés instants,
Pour ne point voir troubler ces moments pleins de charmes
Par des reproches vains et d'odieuses larmes,
Et pour conduire avant dehors de ces États
La fille d'Eétès confiée à mon bras.
Mais déjà de Créon la tendre impatience
S'étonne avec raison...

ÉGISTHE.

Seigneur, le roi s'avance.

SCÈNE II

JASON, ÉGISTHE, CRÉON

CRÉON.

Enfin l'heureux Jason voit un ciel plus serein
Ranimer sa fortune et changer son destin !
La Grèce avec plaisir voit un héros qu'elle aime

Monter au rang qu'on doit à la valeur suprême
Et du trône, à son père injustement ravi,
Prêt à chasser enfin un tyran ennemi.
Le bruit de ce bonheur se répand dans la Grèce ;
Athène en fait partout éclater l'allégresse,
Seigneur, et tout un peuple, en ces instants heureux,
Fait des vœux pour Jason et rend grâce à ses dieux.
Moi-même je venais partager votre joie ;
Mais, au sein du bonheur que le ciel vous envoie,
Quel nuage, Seigneur, peut troubler votre cœur
Et voiler votre front d'une sombre douleur ?
Parlez, éclaircissez cet étrange mystère.

JASON.

Ce n'est point devant vous que je pourrais le taire,
Seigneur ; d'un trône même un cœur est peu flatté
Lorsqu'au prix du bonheur il doit être acheté.

CRÉON.

Et quel est donc, Seigneur, ce soin qui vous afflige,
Ce sacrifice enfin que votre gloire exige ?
De quel prix parlez-vous ?

JASON.

        Ah ! du prix le plus doux,
Seigneur, qu'aucun mortel puisse attendre de vous !

CRÉON.

Eh quoi ?

JASON.

        L'ordre des dieux m'appelle en Thessalie,

Seigneur ; j'y dois venger ma famille trahie
Et relever le trône où je devrai m'asseoir.
Et ma gloire et mon nom, tout m'en fait un devoir.
J'y souscris, ma valeur m'y fait trouver des charmes ;
Mais puis-je donc partir sans répandre des larmes
Et voir sans en frémir cet hymen désiré,
Même par des exploits, de nouveau différé ?

CRÉON.

Et qui parle, Seigneur, de différer encore
Cet hymen dont l'espoir et me flatte et m'honore ?
Je venais au contraire en presser le moment.

JASON.

Pour le triste Jason quel espoir consolant,
Seigneur ! Mais est-ce au sein du tumulte et des armes,
Quand tout va respirer la guerre et les alarmes,
Quand je m'éloigne enfin, incertain du retour,
Que nous devons former ces doux nœuds de l'amour,
Souffrir...

CRÉON.

Non, non, Seigneur, sous quels plus beaux auspices
Pouvons-nous célébrer ces heureux sacrifices,
Et d'un si noble hymen allumer les flambeaux ?
Vous partez, vous allez par des exploits nouveaux
A vos heureux projets enchainant la victoire,
D'un nom déjà fameux accroître encor la gloire.
Mille jeunes guerriers briguent déjà l'honneur
De marcher sous les lois d'un si fameux vainqueur,

D'apprendre sur vos pas ce grand art de la guerre ;
Mais ils veulent, Seigneur, que Jason soit leur frère,
Que de Créuse enfin ce héros soit l'époux :
Ils combattront pour elle en combattant pour vous,
Et ces deux noms unis, doublant encor leur zèle,
Vous n'aurez pas, Seigneur, de guerriers plus fidèles.
Déjà leur noble troupe environne ces lieux
Et demande à grands cris cet hymen précieux.
C'est le ciel par leur voix qui nous parle peut-être.
Obéissons, Seigneur ; que le jour qui va naître
Éclaire les beaux nœuds que nous allons serrer !
Pour cette pompe auguste allons tout préparer.
Et moi-même je vais, dans l'ardeur qui me presse,
De son prochain bonheur instruire la princesse.

SCÈNE III

JASON, ÉGISTHE

JASON

Égisthe, tu le vois, mon bonheur est certain.
Quel Dieu dans ce palais me conduit par la main ?
Hâte-toi de paraître, ô jour si plein de charmes !

ÉGISTHE.

Recule, ô jour de sang, jour de deuil et de larmes !

JASON.

Que dis-tu, malheureux?

ÉGISTHE.

Que le courroux des dieux,
Seigneur, a mis sans doute un bandeau sur vos yeux;
Qu'une fatale main, vous poussant dans l'abime,
Avant de l'immoler aveugle sa victime;
Que le destin vous perd en semblant vous servir.
Songez quel est l'objet que vous osez trahir :
Une femme, aux forfaits dès l'enfance nourrie,
Qui, pour premier essai de son fatal génie,
Assassina son frère et se plongea deux fois
Dans le sang odieux de deux malheureux rois;
Dont les crimes hardis, épouvantant la terre,
Ont fait croire aux mortels que la nature entière
Reconnaissait ses lois et que les éléments
Étaient de son pouvoir d'aveugles instruments;
Dont tout sert à son gré la fureur inhumaine,
Et dont rien n'égala ni l'amour ni la haine.

JASON.

D'une vaine terreur pourquoi m'entretenir?
Quand on sait la connaitre on sait la prévenir.
Égisthe, son courroux n'a rien qui m'inquiète;
Rien ne lui parle encor de ma flamme secrète.
Quels que soient les moyens dont son art peut user,
Jusqu'au dernier instant je prétends l'abuser.
Mais la voici... je sens expirer mon courage.

Le trouble de son cœur est peint sur son visage.
Égisthe, laisse-nous.

SCÈNE IV

MÉDÉE, JASON

MÉDÉE.

Non, c'en est fait, Seigneur,
Je ne puis plus longtemps renfermer ma douleur.
Mon cœur, longtemps percé du trait qui le déchire,
A souffert en silence et caché son martyre ;
J'ai dévoré des pleurs offensants pour vos yeux,
Et n'ai de mes ennuis fatigué que les dieux.
Mais enfin rien ne peut retenir davantage
L'aveu de mes tourments plus forts que mon courage ;
J'éclate et veux enfin vous ouvrir tout entier
Tout ce cœur où jadis vous lisiez le premier !
Je ne viens point ici, réveillant dans votre âme
La stérile pitié que mon malheur réclame,
Comparer au passé le présent malheureux.
Que la fille des rois, et plus illustre qu'eux,
Que Médée, en esclave en ces lieux déguisée,
Y cache obscurément sa gloire méprisée,
Ce n'est pas là, Jason, ce qui blesse mon cœur :
L'amour m'a sur vos pas façonnée au malheur

Quand vous le partagiez, j'y trouvais mille charmes,
Et quand vous les séchiez je chérissais mes larmes.
Ce sort était trop doux ; hélas, qu'il est changé !
Dans une oisive cour l'heureux Jason plongé,
Enivré des plaisirs qu'on offre à sa jeunesse,
Au sein des jeux brillants, des fêtes de la Grèce,
Il est trop vrai, Seigneur, semble avoir oublié
Le malheureux objet d'une vile pitié !
Quoi ! tandis qu'en silence à ma douleur livrée,
Et d'amers souvenirs nuit et jour entourée,
Je consume en secret mes jours dans la douleur,
Que votre seule image adoucit mon malheur,
Il me faut, à toute heure, éprouver le supplice
De votre indifférence et de votre injustice,
Voir vos regards distraits se détourner du mien,
N'obtenir qu'avec peine un moment d'entretien,

(En le fixant d'un œil inquiet)

Ne lire dans vos yeux qu'un cœur froid ou volage,
Trembler à chaque instant d'en savoir davantage !
Non, Seigneur, c'en est trop, je ne puis vivre ainsi.
Que cet état horrible enfin soit éclairci,
Que mon sort par vous-même aujourd'hui se décide :
J'aime mieux vous savoir inconstant que perfide !

JASON.

De vos soupçons, Madame, injustement blessé,
Peut-être je pourrais m'en montrer offensé,
Rappeler devant vous tout le cours de ma vie,
Et vous montrer Jason fuyant de sa patrie

Pour vous suivre, Madame, et pour mettre vos jours
Sous l'abri respecté de son puissant secours.
J'ai négligé pour vous ma couronne et l'empire,
J'ai négligé ma gloire, et c'est assez vous dire !
Mais un esprit blessé, par l'infortune aigri,
Met tout ce qu'on a fait dans un injuste oubli ;
Tout est pour lui mépris, ingratitude, offense ;
Il empoisonne tout. Sa sombre défiance,
Qui se plaît à verser ses perfides poisons,
Change l'amour en crainte et la crainte en soupçons.

MÉDÉE.

Peut-être, est-il trop vrai, ma fatale tendresse
Conçoit trop vivement un soupçon qui la blesse,
Seigneur, et ce tourment d'un esprit abusé
Par l'amour qui l'enfante est assez excusé.
Mais qu'on l'appelle erreur, défiance, injustice,
Je n'en puis plus longtemps supporter le supplice ;
Tout sort est préférable à ces tourments affreux,
La mort même à Médée est moins horrible qu'eux !
Quittons, Seigneur, quittons cette cour abhorrée,
Tout y jette le trouble en mon âme égarée,
Tout m'en repousse enfin ! Une invincible horreur,
D'affreux pressentiments y fatiguent mon cœur :
Je ne sais si les dieux, offensés par mon crime,
De leur courroux déjà me rendent la victime,
Ou si, touchés des pleurs qu'à leurs pieds je répands,
Ils donnent à mon cœur ces avertissements.
Quoi qu'il en soit, leur voix chaque nuit me réveille
Et retentit encor le jour à mon oreille.

Obéissons, Seigneur ; que ces funestes lieux
Ne nous retiennent pas contre l'ordre des dieux !
Fuyons — ou je ne puis plus longtemps me contraindre !
Quels que soient les dangers que Médée ait à craindre,
Je me nomme, Seigneur, et péris devant vous,
Ou j'entraîne avec moi mes fils et mon époux.
Rien ne peut plus longtemps me forcer au silence !...

JASON.

J'obéirai, Madame, à votre impatience ;
Les dieux vous ont dit vrai : demain, la fin du jour
Nous aura vus quitter cette odieuse cour !

(Ils s'éloignent ; la toile se baisse)

FIN DU PREMIER ACTE

ACTE DEUXIÈME

SCÈNE PREMIÈRE

MÉDÉE, IPHISE

MÉDÉE.

Enfin, un jour fatal en ce moment m'éclaire,
Iphise, mais hélas quelle horrible lumière !
Je regrette déjà l'heureuse obscurité
Qui me voilait encor l'affreuse vérité ;
De mon dernier espoir les lueurs sont éteintes !
Je l'ai vu : de quel œil il a reçu mes plaintes !
Comme ses yeux distraits, pendant notre entretien,
Semblaient craindre toujours de rencontrer les miens !
Jason en ma présence avait l'air d'un coupable
Qui souffre avec terreur un témoin qui l'accable ;
Son ennui sur son front se montrait tout entier ;
Il semblait dédaigner de se justifier.

Cependant, à mes vœux il cède en apparence;
Il obéit, dit-il, à mon impatience;
Il part ; mais sa froideur, son coupable embarras
M'annoncent quelque piège où l'on attend mes pas.

IPHISE.

Peut-être, en cet instant, votre aveugle colère
Écoute trop, Madame, un soupçon téméraire.
Grossissant à nos yeux un fantôme trompeur,
L'esprit croit voir souvent ce que craint notre cœur !
N'en croyez point encore à ces lueurs douteuses.

MÉDÉE.

Les craintes de l'amour ne sont jamais trompeuses,
Iphise, et sur le front d'un infidèle amant
Il grave en traits certains son fatal changement.
Je ne m'y trompe pas. O mânes de mon père,
J'éprouve donc déjà l'effet de ta colère !
Tant que Jason m'aimait, je méprisais tes coups ;
Il a changé ! Cruels, vous voilà vengés tous !

IPHISE.

Madame, au nom des dieux, que fléchiront nos larmes,
Suspendez un moment ces cruelles alarmes.
Ces dieux à votre époux donneront des remords.

MÉDÉE.

Des remords ! qu'as-tu dit ? Ah ! j'avais sans efforts
Étouffé jusqu'ici leurs plaintes légitimes :
L'amour seul de Jason justifiait mes crimes.

Je doutais qu'il en fût quand nous étions heureux.
Vaine erreur ! mon supplice a commencé par eux !
Iphise, laisse-moi. Mais Créuse s'avance.
Je désire à la fois et je crains sa présence.

SCÈNE II

MÉDÉE, CRÉUSE, IPHISE

CRÉUSE.

Madame, pardonnez si je viens en ces lieux
Interrompre les pleurs qui coulent de vos yeux.
Que n'en puis-je tarir la source infortunée !
A vos sombres ennuis toujours abandonnée,
Depuis plus de six mois rien ne peut adoucir
Ces éternels chagrins que l'on vous voit nourrir.
En vain mon amitié les plaint et les partage,
Rien ne peut de vos yeux en écarter l'image ;
Le temps, de tous nos maux ce doux consolateur,
Semble des vôtres seuls accroître la rigueur.
Qui peut donc prolonger une peine aussi vive ?
Vous n'avez dans ces lieux que le nom de captive ;
Tout vous y rit, Madame, et voudrait dissiper
Ce triste souvenir qui vous semble occuper.

MÉDÉE.

Ah ! que puissent les dieux, à vos vertus propices,
D'un amour malheureux vous sauver les supplices
Madame, et vous laisser à jamais ignorer
Ces tourments dont sa main aime à nous déchirer !

CRÉUSE.

Eh quoi ! même à ces maux n'est-il plus d'espérance ?
Je n'ai de ces chagrins que peu d'expérience,
Mais l'amour comme à vous m'a coûté quelques pleurs,
Et même à les verser j'ai trouvé des douceurs :
Il mêlait dans mon cœur l'espoir à la tristesse,
Et jamais ses tourments...

MÉDÉE, *avec inquiétude*.

Quoi ! vous aimez, Princesse ?
Vous aimez ! Mais au moins votre cœur généreux
N'aime point un perfide, indigne de ses feux !
Un séducteur ingrat !...

CRÉUSE.

J'aime un héros, Madame,
Digne en tout de l'excès de l'amour qui m'enflamme,
Jeune, beau, vertueux, tel qu'on peint à nos yeux
Ces illustres mortels, dignes enfants des dieux.

MÉDÉE.

Qu'entends-je ?
(*A Créuse*)
Jusqu'ici votre amitié sincère,

Madame, de ces feux m'avait fait un mystère.
J'ignorais... Depuis quand votre cœur engagé
Sous ce joug malheureux s'est-il enfin rangé?

CRÉUSE.

Depuis que les forfaits d'une femme inhumaine,
Madame, ont amené ce héros dans Athène.

MÉDÉE.

Quoi, Madame, Jason!

CRÉUSE.

Lui-même.

MÉDÉE.

Dieux vengeurs!
Me réserviez-vous donc à cet excès d'horreurs?

IPHISE.

Contenez un moment le trouble de votre âme;
Craignez de découvrir...

CRÉUSE.

Vous vous troublez, Madame.

MÉDÉE, *bas*.

Dieux!
(*A Créuse*)
Pardonnez, Princesse, à mon étonnement.
Je ne m'attendais pas au nom de cet amant;

Je croyais que sa foi, dès longtemps enchaînée,
Lui devait interdire un nouvel hyménée,
Et qu'à Médée enfin uni par de saints nœuds
Il ne pouvait sans crime ailleurs porter ses vœux.

CRÉUSE.

De ces nœuds malheureux, dont la honte l'accable,
Enfin il a brisé la chaîne déplorable,
Et sans retour, Madame, il a répudié
L'épouse dont son nom semblait humilié.
Par un nouvel hymen, plus digne de sa gloire,
Il brûle du premier d'effacer la mémoire ;
Et Médée a caché dans le fond des déserts,
Loin des bords de la Grèce, au bout de l'univers,
Ses crimes, ses malheurs, sa honte et sa misère,
L'épouvante et l'horreur de la nature entière !

MÉDÉE, *agitée, se levant.*

Pourrai-je à ma fureur résister plus longtemps ?

SCÈNE III

CRÉON, MÉDÉE, CRÉUSE, IPHISE

CRÉON.

Je vous cherchais, Madame, en vos appartements :

Je venais annoncer à votre âme ravie
Un bonheur trop tardif au gré de mon envie ;
Je courais près de vous en rendre grâce aux dieux,
Et mon empressement m'a conduit en ces lieux.
Ce héros que la Grèce ainsi que vous admire
Voit enfin à ses vœux la fortune sourire,
Madame, et, rappelant le pur sang de ses rois,
La Thessalie enfin se soumet à ses lois.
Il part, il va chasser de l'empire et du trône
Ce traître ambitieux qui souillait sa couronne ;
Larisse n'attend plus que l'effort de son bras.
Mais, avant de quitter ma cour et mes États,
Il veut, couvrant l'horreur d'un fatal hyménée,
A la vôtre, Madame, unir sa destinée.
L'on n'attend, pour former ces liens si précieux,
Que votre aveu, Madame, et qu'on lit dans vos yeux.

CRÉUSE.

Mon cœur, pour avouer une flamme si chère,
N'attendait plus, Seigneur, que l'ordre de mon père.

MÉDÉE.

Iphise, tu l'entends !

CRÉON.

Venez donc aux autels
De leurs nouveaux bienfaits bénir les immortels.
Madame, tout un peuple, en proie à son ivresse,
Au temple qui l'attend appelle la princesse.

Paraissez, montrez-vous, que ce peuple enchanté,
D'espérance et de joie aujourd'hui transporté,
Oublie en vous voyant l'odieuse Médée !
Venez, de ces beaux nœuds la pompe est préparée.

MÉDÉE.

Haine, fureur, amour, enfin vous l'emportez !

IPHISE.

Grands dieux !

MÉDÉE.

   Non, c'en est fait ! barbares, arrêtez !
Vous n'achèverez point cet horrible parjure !
Cette femme, l'horreur de toute la nature,
Dont le nom seul devrait vous faire trembler tous,
Cet effroi des mortels, Médée est devant vous !

CRÉUSE, *tombant entre les bras d'une de ses femmes.*

Qu'entends-je ?

CRÉON.

   Dieux ! Médée ! ô vue ! ô perfidie !

(*On entraîne Créuse*)

SCÈNE IV

MÉDÉE, CRÉON

MÉDÉE.

Oui, c'est moi ! La voici, cette épouse trahie
Que tu croyais sans doute au bout de l'univers,
Ignorant son opprobre et vos complots pervers !
Tu croyais loin de toi sa vengeance enchaînée,
Mais non ; je le verrai, ce fatal hyménée !
J'y suis, et ma fureur y va faire fumer,
Lâche ! les seuls flambeaux qu'on y doive allumer !
Si tu chéris ton sang, songe à quoi tu l'exposes,
Considère Médée, et poursuis, si tu l'oses !

CRÉON.

Plus je la vois et moins j'en puis croire mes yeux.
Médée ose affronter mon courroux dans ces lieux !
Ignore-t-elle donc que le sang de Pélée
Demande encor vengeance à la Grèce étonnée,
Que mon bras s'est armé pour punir ses forfaits,
Que ses jours odieux sont proscrits ?

MÉDÉE.

                          Je le sais.
De ces jours détestés la trame déplorable
Pour moi-même n'est plus qu'un fardeau qui m'accable.
Tant qu'ils m'ont été chers, j'ai su les conserver :
Hâte-toi de les prendre et de m'en délivrer ;
Fais-en un digne hommage à l'amour de ta fille,
Épuise tout ce sang funeste à ta famille,
Venge Pélée et toi, et la Grèce et Jason !
Ce sang retombera sur toute ta maison !

CRÉON.

Oui, je les vengerai ; je punirai tes crimes ;
J'en préviendrai peut-être ! et tes tristes victimes
Verront ce sang impur, à leurs mânes versé,
Justifier le ciel trop longtemps offensé !

MÉDÉE, *avec dédain et ironie.*

Frappe donc. Hâte-toi d'immoler une femme.
Frappe, dis-je : ce trait est digne de ton âme !
Mais non ; pour soutenir ton bras mal affermi,
Va chercher ce héros, ton gendre et ton ami.
Qu'il vienne consommer ce noble sacrifice,
S'enivrer de mon sang, jouir de mon supplice,
Et, jusque dans ce cœur par ses mains déchiré,
Punir le crime affreux de l'avoir adoré !

CRÉON.

Rends grâce à ce héros dont le nom seul arrête

L'effet de mon courroux, suspendu sur ta tête ;
Ce lien malheureux, qui fit son déshonneur,
Est encor le seul frein qui retient ma fureur.

MÉDÉE.

Eh bien, va donc briser ce lien qui t'offense,
Et donne un libre cours après à ta vengeance !
Va, quels que soient les coups que j'attende de toi,
Je t'en garde un plus sûr et plus digne de moi.
Tremble !

CRÉON.

Ah, c'en est trop ! sa criminelle audace
Au sein de ce palais m'insulte et me menace.
Je saurai prévenir tes sinistres desseins.
Gardes, chargez de fers ses parricides mains !

MÉDÉE, *tendant les bras aux chaines dont on la charge.*

Tu peux donner des fers à ces mains sans défense ;
Mais tu ne peux, barbare, enchaîner ma vengeance !

CRÉON, *aux gardes.*

Vous, que dans ce palais on observe ses pas ;
A sa propre fureur ne l'abandonnez pas ;
Pour contenter du ciel l'implacable justice,
La mort seule à ce monstre est un trop doux supplice !

(*Créon se retire*)

SCÈNE V

MÉDÉE, *chargée de fers*, IPHISE.

MÉDÉE.

Va, ne crains rien : ce bras, d'indignes fers chargé,
Ne versera mon sang qu'après l'avoir vengé.
Si la mort est enfin le seul bien qui me reste,
Je vais à leurs projets la rendre au moins funeste!

(*A Iphise*)

Iphise, va trouver mon infidèle époux,
Dis-lui qu'avant ma mort je veux le voir;

(*Aux gardes*)

Et vous,
Épargnez-moi, soldats, votre vue importune,
Et d'une reine encor respectez l'infortune;
Éloignez-vous.

(*Les gardes se retirent*)

SCÈNE VI

MEDÉE, seule.

MÉDÉE, seule.

Enfin, tu t'es donc expliqué,
Ciel vengeur, que Médée a longtemps provoqué !
Je l'avoue, à tes coups dès longtemps préparée,
Contre celui-là seul je me crus rassurée ;
C'était le seul endroit où tu pouvais frapper
Un cœur qui par tout autre aurait su t'échapper.
Mais rien n'a pu tromper ta vengeance certaine.
Tu n'aurais qu'à demi rassasié ta haine,
Si celui pour qui seul j'ai commis ces horreurs
N'eût servi d'instrument à tes desseins vengeurs !
Où m'a conduit, grands dieux, une flamme funeste !
Depuis ce jour fatal où le courroux céleste
Amena le perfide au palais d'Eétès,
Tous mes pas ont été marqués par mes forfaits.
Par des ruisseaux de sang j'ai tracé ma carrière :
Absyrthe, Pélias, toi surtout, toi, mon père !
Fuyez, vains souvenirs, si longtemps combattus !
Quand les crimes sont faits, les remords sont perdus.

Fantômes importuns, ombres toujours sanglantes,
De mon fatal amour victimes menaçantes,
Éloignez-vous... Mais quoi! venez-vous contempler
Les tourments dont le sort se plait à m'accabler?
Eh bien! contentez donc l'excès de votre haine,
Satisfaites enfin votre soif inhumaine.
S'il vous fallait enfin mon cœur à déchirer,
Barbares, vous n'avez plus rien à désirer!

FIN DU DEUXIÈME ACTE

ACTE TROISIÈME

SCÈNE PREMIÈRE

CRÉON, JASON

CRÉON.

Non, non, quelle que soit la tendresse d'un père,
Je ne puis à ce point m'avilir pour vous plaire!
J'ai juré de venger l'horreur de ses forfaits,
Et je dois compte aux dieux des serments que j'ai faits!
J'en dois compte à ce sang qu'a répandu sa rage,
A ces rois offensés et que sa vie outrage,
A moi-même, Seigneur! Eh quoi! ces murs sacrés,
Par sa présence ici longtemps déshonorés,
Auraient couvert sa honte et protégé son crime!
J'aurais aux dieux vengeurs dérobé leur victime,

Outragé tous ces rois contre elle réunis,
Et soustrait à leurs mains ses excès impunis!
Non, Seigneur. De ces dieux la vengeance blessée
Ferait tomber sur moi leur justice offensée...
Et que diraient ces rois qui comptent sur ma foi?
Et la Grèce...

JASON.

Seigneur, que diraient-ils de moi,
Si je pouvais souffrir qu'une femme proscrite,
Sous l'appui de mon bras dans vos États conduite,
Dont on connaît assez les malheureux bienfaits,
Expiât sous mes yeux ses prétendus forfaits?
Que diraient l'univers et la Grèce étonnée?

CRÉON.

Par l'univers, Seigneur, Médée est condamnée;
Et si ce nom fameux pouvait être terni,
Il le serait plutôt de laisser impuni
Un monstre si longtemps en horreur à la terre.

JASON.

Eh bien, assouvissez votre juste colère.
Épargnons-nous, Seigneur, des discours superflus,
Prenez, prenez ses jours, je ne les défends plus.
Par ce sang qu'il lui faut rendez le ciel propice;
Faites-moi, s'il se peut, témoin de son supplice.
Pensez-vous que, couvert de ce sang odieux,
J'aille de votre fille épouvanter les yeux,
Lui présenter, Seigneur, ma main encor fumante,

Et que, de vos rigueurs victime obéissante,
Elle suive avec joie, au pied des saints autels,
Un héros devenu le plus vil des mortels?
Pensez-vous donc que j'ose y prétendre moi-même?
Non, Seigneur. Vous savez, le ciel sait si je l'aime!
Mais le ciel sait aussi si je puis en ce jour
Immoler à ce point ma gloire à mon amour!
Ce n'est pas que mon cœur, rempli de la princesse,
Garde encore à Médée un reste de tendresse,
Ni qu'il prenne le soin de conserver des jours
Qui des miens si longtemps ont corrompu le cours;
Non, Seigneur, mais son sang, que la Grèce demande,
La gloire de mon nom veut que je le défende,
Que, même contre vous, ici la secourant,
Je la protége encor, tout en la condamnant;
Et tel est le malheur de mon destin funeste
Que je dois conserver des jours que je déteste.

CRÉON.

Eh bien! vous le voulez, je vous cède, et mes mains
Épargneront ces jours en horreur aux humains,
Seigneur. Mais que du moins son impure présence
Ne souille plus ces lieux que son aspect offense!
Qu'elle parte, Seigneur, et porte en d'autres lieux
Ses crimes, ses remords et le courroux des dieux!
Si ce jour même enfin la voit sortir d'Athènes,
Vous pouvez à ce prix faire tomber ses chaînes,
Apaiser ma vengeance et calmer mon courroux.
Vous l'entendez : on va l'amener devant vous.

SCÈNE II

JASON, seul.

JASON, seul.

Amour, en cet instant raffermis mon courage,
Fais-moi braver sa vue et mépriser sa rage;
De ses fatals bienfaits détruis le souvenir,
Et défends à mon cœur de se laisser fléchir!

SCÈNE III

MÉDÉE, enchaînée, JASON.

MÉDÉE *à ses gardes, en voyant Jason, avec fureur.*

Où me conduisez-vous? Dieux!!! c'est donc toi, barbare!

JASON, *froidement.*

Modérez ce courroux dont l'ardeur vous égare,

Madame, et, s'il se peut, pendant cet entretien,
Conservez votre esprit calme comme le mien.

MÉDÉE.

Comme le tien, ô ciel! eh quoi! ta perfidie
Dans le crime à ce point s'est sitôt endurcie
Que tu puisses trainer ta victime à tes pieds
Sans que de cet aspect tes yeux soient effrayés!

JASON.

Je vous l'ai déjà dit: faites taire, Madame,
Ces injustes excès où s'emporte votre âme;
Tous ces noms odieux que vous m'osez donner,
Sans doute à vos malheurs on peut les pardonner,
D'un semblable courroux c'est ce qu'on doit attendre;
Mais ce n'est plus ici le lieu de les entendre:
Jason ne prétend plus à se justifier
D'un crime que son cœur a commis tout entier.

(Ici Médée veut l'interrompre)

Oui, Madame, il est vrai, ce cœur n'est plus le même,
Accusez-en des dieux la volonté suprême,
D'un amour qui n'est plus invoquez les saints droits;
Ce cœur indépendant ne connait pas de lois,
Madame; et cet amour, dont il brûlait naguère,
D'une âme subjuguée ivresse involontaire,
Qui nait en un moment ou s'éteint en un jour,
Souvent à notre insu disparait sans retour,
Sans qu'on puisse accuser de crime ou d'inconstance
Un cœur trop innocent qu'entraine sa puissance.

Ses indiscrets serments, aussitôt effacés,
Par de nouveaux bientôt se trouvent remplacés ;
Et, coupables aussi de semblables faiblesses,
Les Dieux ne vengent pas ces frivoles promesses.

MÉDÉE, *l'interrompant.*

Oses-tu bien, perfide, ici parler des dieux ?
Leurs foudres pour toi seul dorment-ils dans les cieux ?
Penses-tu que ce ciel, que ton audace outrage,
Avec l'époux ingrat, confond l'amant volage ?

JASON.

Ces dieux mêmes, Madame, ont rompu nos liens,
Et vos jours souilleraient des jours tels que les miens ;
Le ciel avec horreur voit ce nœud qu'il déteste,
Vos crimes l'ont brisé : vous savez trop le reste !

MÉDÉE.

O comble de l'horreur et de l'atrocité,
Juste effet d'un courroux que j'ai trop mérité !
O d'un fatal amour châtiments légitimes !
Le perfide ose ici me reprocher mes crimes ! !
Mes crimes, malheureux, c'est toi qui les as faits !
Chacun de tes exploits m'a coûté des forfaits :
Quelle main m'a tracé cette route sanglante
Où tu poussas, cruel ! ta malheureuse amante,
Et de tous ces forfaits, pour toi seul accomplis,
Dis, perfide ! quel autre a recueilli le prix ?
Toi seul guidais mes pas quand ma main détestable,
Bravant d'un monstre affreux la rage redoutable,

Alla ravir pour toi ces trésors précieux
Où la mort attendait tes pas audacieux ;
Pour toi seul j'ai trahi ma patrie et mon père ;
Pour toi, pour te ravir à sa juste colère,
D'un frère, ô souvenir ! les membres déchirés
Ont été sur nos pas à ses regards livrés ;
Pour toi, pour te venger d'une race abhorrée,
La flamme a consumé le malheureux Pélée ;
Et lorsqu'enfin mon nom, en tous lieux détesté,
Est un objet d'horreur au monde épouvanté,
Quand j'ai de tous les dieux attiré la colère,
Qu'il ne me reste enfin que toi seul sur la terre,
Tu t'unis à ces dieux conjurés contre moi,
Et m'oses reprocher ce que j'ai fait pour toi !
Ah ! que ta perfidie a changé de langage !
Je ne retrace point à ton esprit volage
Ces serments, vains jouets d'un lâche séducteur
Prononcés par ta bouche et trahis par ton cœur,
Je dois les mépriser puisque tu les oublies !
Mais lorsque de Colchos les forces réunies
* Poursuivaient sur les mers ta fortune et tes jours,
Que tu perdais la vie, enfin, sans mon secours,
Quand mon art tout-puissant, enchaînant la tempête,
Fit reculer les flots qui grondaient sur ta tête
Et t'amena vainqueur aux bords de ton pays,
Devais-je de Jason attendre un pareil prix ?
Tes jours n'étaient-ils pas le fruit de mon courage,
Ton salut mon bienfait, ta gloire mon ouvrage ?
Ton cœur n'était-il pas ma conquête et mon bien ?
Pouvais-tu refuser de l'accorder au mien ?

Et cet amour fatal, dont ton âme volage
Va faire à ma rivale un criminel hommage,
Si ces mêmes bienfaits n'ont pu le mériter,
Mes crimes assez cher ont trop su l'acheter!
Et ton ingratitude à présent me l'enlève!
Et j'en serai témoin! Non, non, barbare, achève,
Achève! prends ces jours qui ne sont rien sans lui,
Et commets à la fois deux crimes aujourd'hui!

JASON.

A quelque injuste excès que s'emporte votre âme,
Jason ne sut jamais se venger d'une femme,
Et sa reconnaissance a pris soin de vos jours:
Athène à ma prière en épargne le cours,
Pourvu qu'un prompt départ, suspendant sa vengeance,
Vous ravisse à ces lieux que votre aspect offense!

MÉDÉE.

Moi, fuir! moi, sans vengeance abandonner ces lieux!
Perfide, tu devrais me connaitre un peu mieux.
Eh quoi! jusqu'à ce jour n'as-tu vu dans Médée
Qu'une femme aisément trahie, intimidée,
Et dont le faible cœur ne sût à ses malheurs
Opposer que des cris ou de stériles pleurs?
Non, non, si jusqu'ici, pour de moindres offenses,
Le monde a retenti du bruit de mes vengeances,
Ne crois pas que ce cœur, vainement outragé,
Ingrat, pour Jason même ait aujourd'hui changé:
Plus l'offenseur fut cher, plus sanglant est l'outrage,
Et tu reconnaitras mon amour à ma rage!

Tu trembles, tu frémis, je te vois frissonner...
Mes forfaits ont-ils donc le droit de t'étonner ?
De mon fatal amour que d'illustres victimes
Ont dû t'accoutumer à redouter mes crimes !
Et si, par tant d'excès, j'ai voulu te servir,
Juge par quels forfaits je saurai te punir !
Et la terre et l'enfer connaissent ma puissance,
Et la terre et l'enfer serviront ma vengeance !
Mais, qu'ai-je besoin d'art pour combler tes malheurs ?
Lâche, j'ai bien assez de mes seules fureurs.
Moi-même, dans le sein de ta coupable amante
J'irai porter ce fer, et ma main dégouttante
De ce sang à ton cœur si cher, si précieux,
De ce spectacle horrible abreuvera tes yeux.
Moi-même j'en viendrai jouir avec délice,
Et mes derniers regards auront votre supplice !

JASON, *en voulant s'éloigner.*

Qu'entends-je, justes dieux !

MÉDÉE, *se précipitant vers lui.*

Hélas ! qu'ai-je donc dit ?
L'amour et la fureur égarent mon esprit.
Je ne me connais plus, ma raison m'abandonne.
N'en crois pas ma fureur ! Non, cruel, non ! pardonne,
Pardonne ! vois Médée embrasser tes genoux !
Son amour sait trop bien te sauver de ses coups.
De fureur et d'amour tour à tour possédée,
Je ne me trouve plus, je ne suis plus Médée,

Et cet art tout-puissant que l'on redoute en moi,
Cruel, tu le sais trop, ne peut rien contre toi.
Mais au moins si ton cœur, à la pitié sensible,
A mes derniers désirs n'est point inaccessible,
Si tu m'aimas un jour, ah! barbare, permets
Que Médée, à ton char attachée à jamais
Comme une vile esclave à tes pieds enchaînée,
Finisse près de toi sa triste destinée :
Soit qu'un nouvel amour arrête ici tes pas,
Soit qu'entraîné bientôt vers de nouveaux climats,
Tu voles vers la gloire à ta valeur promise,
Que Médée à tes lois, à tes rigueurs soumise,
Puisse au moins en tous lieux te prêter son secours,
Par son art tout-puissant sauver encor tes jours,
Et, témoin d'un bonheur qui rend ma vie affreuse,
En te servant du moins être moins malheureuse !

JASON.

Non, c'en est fait, Madame, il faut nous séparer !
Contre l'ordre des dieux cessez de murmurer.
Le péril en ces lieux partout vous environne ;
Fuyez, c'est à ce prix qu'Athènes vous pardonne,
Et que je puis enfin faire tomber vos fers :
Mille chemins, Madame, à vos pas sont ouverts ;
Vivez, allez chercher sur des mers ignorées
Des climats plus heureux, de nouvelles contrées
Où vos crimes encor ne soient pas parvenus.
Éteignez loin de moi des chagrins superflus,
Et que les dieux enfin vous ôtent la mémoire

D'un malheureux amour fatal à votre gloire !
Vivez...

   (Aux gardes)

      Vous, de ses fers allez la dégager.

           MÉDÉE.

Oui, je vivrai, cruel, assez pour me venger !
Ta cruelle pitié semble accroître ma rage,
Et tes bienfaits pour moi sont un nouvel outrage !

   (On ôte les fers à Médée. Jason se retire)

SCÈNE IV

MÉDÉE, IPHISE

           MÉDÉE.

Iphise, il est parti, et son cœur qui s'abuse
Triomphe et croit déjà posséder sa Créuse !
Tu te trompes, perfide, et tu me connais mal.
Suis ses pas, chère Iphise, en cet instant fatal.
Mais non, je garde encor un reste d'espérance ;
Va trouver la princesse, et peins-lui ma souffrance,
Dis-lui que, sur le point d'abandonner ces lieux,
Elle daigne venir recevoir mes adieux.

Va, je saurai trouver le chemin de son âme.
Son jeune cœur est pris, mais elle aime, elle est femme,
Iphise, elle plaindra l'état où tu me vois:
Va, je veux m'abaisser pour la dernière fois.
Et que puissent les dieux, contents de ma souffrance,
Épargner s'il se peut un crime à ma vengeance!

FIN DU TROISIÈME ACTE

ACTE QUATRIÈME

SCÈNE PREMIÈRE

MÉDÉE, IPHISE

MÉDÉE.

Qu'avec impatience attendant ton retour,
De la crainte à l'espoir j'ai passé tour à tour !
Que le temps paraît long à mon inquiétude !
Viens mettre un terme, Iphise, à cette incertitude :
Parle, raconte-moi ce que tes yeux ont vu ;
Dis-moi si tout espoir est à la fin perdu,
S'il ne me reste plus que la mort !

IPHISE.

Ah ! Madame,

Contre un coup plus affreux raffermissez votre âme,
Vous ne connaissez pas encor tous vos malheurs!

MÉDÉE.

Que viens-tu m'annoncer?

IPHISE.

Le comble des horreurs!

MÉDÉE.

Dieux! parle, qu'as-tu vu?

IPHISE.

J'étais chez la princesse,
Madame, et lui peignais votre juste tristesse:
Déjà même son cœur paraissait s'attendrir
Par des pleurs que ses yeux ne pouvaient retenir;
Je lisais les combats de son âme flottante,
Je voyais dans son cœur la pitié triomphante,
J'avais vaincu, peut-être, en ce fatal moment,
Quand Jason est entré dans son appartement:
Son front ne paraissait couvert d'aucun nuage,
L'espérance et l'amour brillaient sur son visage;
Il tenait par la main, Madame, ses deux fils,
De votre hymen, hélas! chers et malheureux fruits,
Trop jeunes pour sentir le coup qui les accable.
Tous deux en me voyant, pleins d'une joie aimable,
Madame, entre mes bras sont venus se cacher,
Et leurs yeux inquiets paraissaient vous chercher.
Mais lui, les rappelant aux pieds de la princesse:

Pardonnez, a-t-il dit, à leur tendre jeunesse,
Recevez-les, Madame, et que leurs jeunes ans
S'élèvent à l'abri de vos soins complaisants !
Puissent-ils ignorer quel sang les a fait naitre !

MÉDÉE.

Ciel ! cette horreur encor me restait à connaitre !

IPHISE.

La princesse, à ces mots, dans ses bras les a pris,
Et ses larmes, Madame, ont coulé sur vos fils.
Elle leur prodiguait ses plus vives tendresses,
Mais leurs bras innocents repoussaient ses caresses ;
Les plus tendres baisers semblaient les effrayer
Et redoublaient leurs pleurs qu'on voulait essuyer.

MÉDÉE.

Ah ! périssent cent fois et les fils et la mère
Avant que l'on m'enlève... O ciel ! voici leur père !

SCÈNE II

MÉDÉE, JASON

MÉDÉE, *se précipitant sur lui.*

Non, non, je ne puis croire un horrible récit ;

Venez, Seigneur, venez éclaircir mon esprit.
On dit — Dieux! je frémis à cette horrible idée —
Que non content, Seigneur, d'abandonner Médée,
Vous voulez de ses bras arracher aujourd'hui
Ces deux fruits d'un hymen que vous avez trahi.
Serait-il vrai, Seigneur, et votre âme parjure
Ose-t-elle à ce point outrager la nature?

JASON.

Et qu'a donc ce récit qui vous doive étonner,
Madame, et de mon sang ne pourrais-je ordonner...

MÉDÉE.

De ton sang! Que dis-tu? Non, tu n'es plus leur père,
Tu les a reniés en repoussant leur mère.
Ils ne sont qu'à moi seule, et tu ne peux, cruel,
Les enlever sans crime à ce sein maternel.
C'est le seul bien qui reste encore en ma puissance.

JASON.

Les Grecs en eux, Madame, ont mis leur espérance,
Ils aiment en mes fils le sang de leurs héros,
Et Jason doit veiller sur des destins si beaux.

MÉDÉE.

La Grèce hait en eux le sang d'une étrangère,
Elle leur apprendrait à détester leur mère.

JASON.

Puissent-ils ignorer notre fatal amour!

MÉDÉE.

Puissent-ils le connaître et me venger un jour!
Mais non, rends-moi mes fils, et mon cœur te pardonne;
Je bénirai, cruel, la main qui m'abandonne,
Je cacherai ma honte aux yeux de tes enfants,
J'éteindrai devant eux tous mes ressentiments,
J'étoufferai ma plainte, et leur paisible enfance,
Conservant jusqu'au bout son heureuse ignorance,
Apprendra de ma bouche à respecter ton nom.
Moi-même à leur amour je dépeindrai Jason
Jeune, beau, généreux, tel que la Grèce entière
Admirait ce héros dans sa vertu première,
Tel enfin que moi-même autrefois je le vis,
Avant que ses serments indignement trahis...
Mais je leur cacherai sa fatale victime.
Je dirai tes vertus, je leur tairai ton crime;
Ma haine à leur aspect se verra désarmer,
Et je sens qu'à ce prix je puis encor t'aimer.
T'aimer! Oui, je le sens, quoiqu'ingrat et volage,
Ce que j'adore en eux c'est encor ton image.
J'en rougis. Mais ce cœur, qu'on ne peut maitriser,
Nous fait chérir encor ce qu'on doit mépriser.
Hélas! traînant partout cette flamme funeste,
Laisse-moi quelque temps ce gage qui m'en reste,
Et ne m'enlève pas, du moins, dans un seul jour,
Ces derniers souvenirs d'un éternel amour.
Les dieux à peu de jours ont borné ma carrière.
Qu'au moins jusqu'à la mort ils consolent leur mère!
Qu'ils élèvent ma tombe, et que leurs jeunes mains

Cachent ma triste cendre à l'horreur des humains !
Hélas ! je n'ai plus qu'eux dans toute la nature.
Pour sauver un ingrat, pour servir un parjure,
J'ai rompu tous les nœuds, brisé tous les liens,
Et tous tes ennemis sont devenus les miens !
Et maintenant où fuir ? où cacher ma misère ?
Où promener un nom en horreur à la terre ?
Où trouver un appui pour ce nom odieux,
Si tu m'ôtes le seul que me laissent les dieux ?
Non, je saurai mourir avant qu'on m'en sépare !
Quoi, vous pourriez, grands dieux ! voir un époux barbare,
Arrachant de mes bras ces enfants malheureux,
En faire à ma rivale un sacrifice affreux,
Ravir ces tendres fruits aux doux soins d'une mère,
Et les porter aux pieds d'une femme étrangère,
D'une rivale enfin !... Et toi, toi qui m'entends,
Dans ces fils malheureux si tu chéris ton sang,
S'ils sont de ton pays la gloire et l'espérance,
Peux-tu donc à ce point exposer leur enfance ?
Sais-tu dans quelles mains tu vas les confier ?
Au cœur d'une marâtre oses-tu te fier ?
Ne sont-ils pas les fruits d'un sang qu'elle déteste ?
Ne crains-tu pas... O ciel ! aveuglément funeste !
Je tremble... Prêtez-leur, grands dieux ! votre secours,
Et rendez-moi mes fils ou terminez mes jours !

JASON.

Qui peut commettre un crime aisément le soupçonne.
A d'injustes frayeurs votre âme s'abandonne,
Et, s'il fallait trembler pour ces fils malheureux,

Je connais une main plus à craindre pour eux !
Mais pour veiller sur eux le ciel leur laisse un père ;
Ils connaîtront encor les bienfaits d'une mère :
Créuse en a pour eux la tendresse et les droits ;
Et vous les avez vus pour la dernière fois.

(Il s'éloigne)

SCÈNE III

MÉDÉE, IPHISE

MÉDÉE, *seule.*

Eh bien ! ce dernier coup me rend tout mon courage.
Que la vengeance enfin soit digne de l'outrage !
Puisque son cœur se plait à déchirer le mien,
Trouvons un coup plus sûr pour arriver au sien,
Surpassons ses forfaits, rendons crimes pour crimes,
S'il se peut, à l'outrage égalons les victimes !
Courons, et que ce fer, teint d'un sang qu'il chérit,
Porte deux fois la mort dans son cœur interdit !
Viens !...

IPHISE *se précipite pour la retenir.*

Arrêtez ! grands dieux ! où courez-vous, Madame ?
Vous vous perdez, calmez le trouble de votre âme ;

Modérez ce courroux, reprenez vos esprits.
Allez-vous vous livrer à tous vos ennemis?
D'une aveugle colère enchaînez l'imprudence,
Et pour mieux l'assurer, suspendez la vengeance.

MÉDÉE.

Iphise, il est trop vrai, je ne me connais plus ;
Viens rendre quelque force à mes sens éperdus.
Vous qui m'abandonnez dans ce moment suprême,
Dieux! dois-je donc aussi m'abandonner moi-même?

(Elle se laisse tomber sur un siège)

Non, non! soyons Médée, en cet instant affreux,
Et sachons nous passer des hommes et des dieux.
Mourons, puisqu'il le faut! mais que toute la terre
Se souvienne à jamais de mon heure dernière,
Et que mon sort apprenne aux siècles à venir
Si je sus me venger comme on me sut trahir!

(Elle se lève)

IPHISE.

De ce juste courroux calmez la violence,
Madame, et s'il se peut, contraignez-le au silence.
Songez-vous en quels lieux vous osez éclater?

MÉDÉE.

Songes-tu qui je suis et qui m'ose insulter?

IPHISE.

Je sens ainsi que vous l'excès d'un tel outrage ;

Je vois tous vos malheurs et ce cœur les partage,
Madame ; mais enfin, dans cet instant affreux,
Même un reste d'espoir brille encore à mes yeux :
Créuse auprès de vous a promis de se rendre...

MÉDÉE, *avec fureur.*

Quoi ! Créuse en ces lieux ! Eh bien, je vais l'attendre.
Elle-même à ma main vient donc enfin s'offrir !

IPHISE.

Elle vient pour vous plaindre et pour vous secourir.

MÉDÉE.

La pitié pour Médée est le dernier outrage.

IPHISE.

A ce dernier effort pliez votre courage.

MÉDÉE.

Qu'espères-tu ? Mon sort n'est plus entre ses mains :
Misérable instrument de ses fatals desseins,
Le ciel à mes malheurs a fait servir sa vie.
Elle fut ma rivale et non mon ennemie ;
Va, je la plains, Iphise, et je ne la hais pas.

IPHISE.

Je l'entends, dans ces lieux elle porte ses pas.
Madame, contenez une aveugle colère.

MÉDÉE.

C'est assez, va, je sais ce qui me reste à faire.

SCÈNE IV

CRÉUSE, MÉDÉE, IPHISE

CRÉUSE.

Je ne viens point ici pour offrir à vos yeux
Un objet dont l'aspect doit vous être odieux,
Madame ; une puissance à toutes deux fatale
De votre amie, hélas ! m'a fait votre rivale :
Je rougis devant vous d'un bonheur qui vous nuit ;
L'impénétrable ciel lui seul a tout conduit :
Il le sait, si par vous je dois être excusée !
Vous-même, vous savez si je fus abusée,
Et par quel invincible et triste enchaînement
Le sort dans votre époux me montra mon amant.
A ce funeste amour je me livrai sans crime,
Hélas ! et maintenant, malheureuse victime
Du courroux paternel et de l'ordre des dieux,
J'achève avec effroi cet hymen odieux.
Ces nœuds tant désirés n'ont plus pour moi de charmes.
Oui, j'abhorre un bonheur qui vous coûte des larmes,
Et, tout en avouant un malheureux amour,
Je ne demande au ciel que la mort en ce jour.
Et cependant, tandis que cet hymen s'apprête,
Qu'Athènes se prépare à cette horrible fête,

Que tout aigrit ici votre juste douleur,
Et que peut-être enfin vous accusez mon cœur,
Échappant aux regards d'un amant et d'un père,
Je viens plaindre en secret un destin trop sévère,
Exhaler des chagrins qu'on me force à cacher,
Et partager des pleurs que je voudrais sécher !

MÉDÉE, *fièrement et ironiquement.*

Madame, de mes maux je n'accuse personne,
Et ce cœur offensé vous plaint et vous pardonne :
Un dédaigneux oubli saura sécher mes pleurs,
Et je n'ai pas besoin d'autres consolateurs.
J'ai trop senti peut-être une cruelle injure,
Mais ce cœur est trop fier pour pleurer un parjure :
Dès que d'un autre feu l'infidèle est épris,
Je ne sens plus pour lui qu'horreur et que mépris.
Dans l'innocent objet d'une flamme fatale,
Madame, je ne crois plus voir une rivale ;
Je ne dispute pas un bien si précieux
Et cède sans regrets un cœur vil à mes yeux.
Mais ce que je ne puis abandonner de même,
Ce qui cause mes pleurs, en ce moment suprême,
Ce sont mes fils, Madame, à mon amour ravis,

(En pleurant)

D'un hymen détesté rejetons trop chéris.
Vous connaitrez un jour tout l'amour d'une mère,
Madame, et si jamais un destin trop sévère
Arrachait de vos bras vos enfants malheureux,
Hélas! vous jugeriez de mes tourments affreux.

CRÉUSE.

Que ne puis-je, grands dieux! tarir ses justes larmes!

MÉDÉE.

Vous le pouvez, Madame; au nom de mes alarmes,
Au nom de l'amitié qui nous unit un jour,
Prenez soin de ces fruits d'un malheureux amour.
Ils vous sont confiés : veillez sur leur enfance,
D'une mère auprès d'eux remplacez la présence,
Et que leurs jeunes ans retrouvent près de vous
Ces doux soins que mon cœur, hélas! trouvait si doux!
Soyez pour leur faiblesse un appui tutélaire,
Madame, et quelquefois parlez-leur d'une mère :
N'éteignez pas en eux un faible souvenir
D'un nom trop malheureux qu'ils auraient dû chérir,
Et, s'il faut leur cacher une fatale histoire,
De mon amour, du moins, laissez-leur la mémoire.
Mais c'est trop peu, Madame, en ces moments affreux,
Accordez plus encore à ce cœur malheureux :
Donnez de vos bontés une preuve dernière
Et ne repoussez pas une juste prière ;
Que de votre pitié j'éprouve les effets :
Quand je pars, quand je vais les quitter pour jamais,
Permettez qu'à mes yeux on les présente encore.
Vous fléchirez sans peine un cœur qui vous adore,
Obtenez-moi de lui qu'en ces derniers moments,
Pour la dernière fois, j'embrasse mes enfants!

CRÉUSE.

Que me demandez-vous, hélas!

MÉDÉE.

                Eh quoi ! Madame,
D'où naît en ce moment ce trouble de votre âme ?
Quoi, ce dernier bienfait que j'ose demander...

CRÉUSE.

C'est le seul qu'à vos vœux je ne puisse accorder.
Jason entre mes mains les a remis lui-même :
J'ignore les raisons de sa rigueur extrême,
Madame, mais son cœur paraissait agité
D'un effroi que mes yeux ont mal interprété.
Mais cachez, m'a-t-il dit, une race si chère
A tous les yeux, Madame, et surtout à leur mère !

MÉDÉE.

Et vous obéiriez à cet ordre odieux !
Et vous l'imiteriez ! Et ce cœur généreux,
Complice jusqu'au bout des forfaits d'un parjure,
Outragerait ainsi l'amour et la nature !
Non, non, Madame, non, et je vous connais mieux :
On n'a pas à ce point déjà séduit vos yeux.
Votre âme, d'un perfide innocente victime,
Peut partager ses feux sans partager son crime,
Et dans ce cœur sensible aux feux de l'amitié,
L'amour n'a pas encore éteint toute pitié !
Quoi ! tandis que, conduite aux autels d'hyménée,
Le bonheur va pour vous marquer cette journée,
Qu'Athène applaudissant à votre heureux amour,
Vous enchaînez un cœur que je perds sans retour;

Vous verriez sans horreur une mère outragée,
Et par les justes dieux peut-être enfin vengée,
Troubler votre bonheur en ces instants si doux,
Et du ciel sur ces nœuds appeler le courroux !
Vous lui refuseriez une pitié stérile !
Vous verriez ses douleurs d'un œil sec et tranquille,
Et vous refuseriez à ses cris douloureux
De voir encor ses fils et de pleurer sur eux !

CRÉUSE.

Non, ce cœur n'est point sourd à vos justes alarmes,
Et je me perds peut-être en cédant à vos larmes :
Vous les verrez, Madame.

MÉDÉE.

     Ah ! puissent à ce prix
Les dieux laisser enfin à jamais impunis
Les crimes d'un ingrat à qui le sort vous lie !
Puissent ces justes dieux verser sur votre vie
Les bienfaits qu'en ce jour vous avez mérités,
Et vous laisser longtemps tout ce qu'ils m'ont ôté !

CRÉUSE.

Puissent ces vœux touchants être des vœux sincères !
Madame, mais je vais, trompant des yeux sévères,
Ordonner qu'en secret auprès de vous conduits,
Vos fils quelques instants distrayent vos ennuis,
Et puissent leur présence et leurs tendres caresses
Apporter quelque trêve à vos justes tristesses !

MÉDÉE.

Et moi je vais, Madame, oubliant mon courroux,
En goûtant vos bienfaits faire des vœux pour vous.

MÉDÉE, *à part*.

Va, je te plains! les dieux, malheureuse Princesse,
Pour un sort plus heureux réservaient ta jeunesse!
Tu ne mérites pas le destin qui t'attend.
Mais, c'en est fait, Médée a besoin de ton sang;
C'est en toi, c'est pour toi que je fus outragée,
Et si tu ne meurs pas je ne suis pas vengée!
Pour aller jusqu'au cœur que ma main doit percer,
C'est par le tien, grands dieux! que le coup doit passer.
Allons, en jour de mort changeons ce jour de fête!
L'heure approche : il est temps, et la vengeance est prête.

SCÈNE V

MÉDÉE, IPHISE

MÉDÉE.

Iphise, approche-toi, tu m'aimes, je le sais,
Et ton destin t'attache à tous mes intérêts;

De mes secrets desseins fidèle confidente,
Tu ne me trahis point ; ton amitié constante,
Partageant ma fortune, a servi tour à tour
Les projets de ma haine ou ceux de mon amour.
Écoute : jusqu'ici tu n'as rien fait encore !
Dans cet instant fatal, c'est ta main que j'implore !
Tu connais ma vengeance, oses-tu la servir ?
Sauras-tu m'imiter et sauras-tu mourir ?
Réponds !

IPHISE.

A vos destins dès mon enfance unie,
Ma fidèle amitié ne s'est point démentie.
Ordonnez, et ce cœur, dont vous semblez douter,
S'il ne faut que mourir, saura vous imiter.
Parlez, et rien ne peut étonner mon courage.

MÉDÉE.

Eh bien ! viens, que ta main achève mon ouvrage !
Tu vois devant tes yeux ces précieux présents :

(On voit sur une table un écrin ouvert)

Autrefois de mon front superbes ornements,
Lorsqu'aux jours de ma gloire, orgueilleuse princesse,
Mon éclat effaçait les reines de la Grèce,
Un jour, de notre hymen pour payer les bienfaits,
Le perfide lui-même en orna mes attraits.
Prends-les, Iphise, et cours de ce pas les lui rendre ;
Dis-lui qu'avec son cœur il doit me les reprendre,
Que moi-même, à ses vœux brûlante d'obéir,
Je voulais à Créuse en ce jour les offrir,

Mais que lui-même il peut en orner sa conquête
Et de sa propre main en surcharger sa tête.
Dis que je lui pardonne et n'attends pour partir
Que l'heure où cet hymen doit enfin s'accomplir.
Tu t'étonnes? Eh quoi! peux-tu me méconnaitre?
Va, tu m'entends.

IPHISE.

Grands dieux! je l'entends trop, peut-être.
Quoi! c'est donc là l'objet que vous deviez frapper!

MÉDÉE.

Pensais-tu qu'à mes coups elle pût échapper?

IPHISE.

Vous-même tout à l'heure excusiez sa jeunesse.

MÉDÉE.

Je ne m'en cache pas : son malheur m'intéresse.

IPHISE.

Vous la plaignez, Madame, et vous l'assassinez!

MÉDÉE.

Ses jours sont innocents, mais ils sont condamnés.

IPHISE.

Madame, laissez-vous attendrir par mes larmes;
Pour punir un perfide employez d'autres armes;

Pardonnez à des jours, hélas! trop innocents!
Vous avez entendu ses regrets impuissants :
Vous savez si son âme, à regret enchaînée,
Déteste, en l'achevant, ce funeste hyménée
Qui la rend odieuse à vos yeux offensés!
Quel est son crime enfin ?

MÉDÉE.

Il l'aime, et c'est assez!
Va!

FIN DU QUATRIÈME ACTE

ACTE CINQUIÈME

SCÈNE PREMIÈRE

MÉDÉE, seule.

Qu'entends-je? Quels transports autour de ce palais!
Hélas! peuple aveuglé, sais-tu ce que tu fais?
A l'autel de la mort tu conduis la victime.
Hâtez-vous, hâtez-vous de consommer le crime!
Dieux vengeurs! mon courroux, vous l'avez bien servi!
Mais pourquoi ce spectacle, hélas! m'est-il ravi?
Je l'aurais vu... j'aurais joui de mon ouvrage :
Peut-être cette vue eût assouvi ma rage.
Que dis-je? Non, ce cœur, de vengeance altéré,
Ne les a point encore assez désespérés...

Je te réserve un coup plus digne de Médée !
Ton sang ! ton propre sang !... abominable idée !
Fureur, effroi, pitié, qui venez me troubler,
Éloignez-vous, fuyez, vous me feriez trembler !
Moi, trembler ! Et de quoi ? Pourquoi donc tremblerais-je ?
Quelle vaine terreur en ce moment m'assiège ?
Pour la première fois je me sens effrayer :
Est-ce un premier forfait que je vais essayer ?
Mes crimes n'ont-ils pas trop comblé la mesure,
Et crains-je d'offenser les dieux ou la nature ?
La nature ! En ce jour je prétends la venger...
Et vous, vous que ma main ne craint pas d'outrager,
Impitoyables dieux, qui, depuis ma naissance,
M'avez de crime en crime entraîné sans défense,
Vous à qui les mortels ne peuvent résister,
Puisse ce dernier coup enfin vous contenter !

SCÈNE II

IPHISE, MÉDÉE

IPHISE.

Madame, ils sont partis, et la publique joie,
Par ces cris importuns dans les airs se déploie :
Vers le temple des dieux ils dirigent leurs pas ;

Le peuple de Créuse admirait les appas ;
Mais hélas ! la douleur semble ternir ses charmes,
Ses yeux laissent tomber d'involontaires larmes,
Et son cœur oppressé, dans ce funeste instant,
Semble avoir deviné le destin qui l'attend.
Cependant, vos enfants devant vous vont paraître.

MÉDÉE.

Dieux ! quel subit effroi dans mon cœur je sens naître,
Je me trouble, et je sens, en ces affreux moments,
Que je suis mère encore !...

SCÈNE III

Les Précédents, les deux fils de MÉDÉE.

MÉDÉE.

                    Approchez, mes enfants !
Chers et malheureux fruits d'une union funeste,
Rejetons adorés d'un sang que je déteste,
Pour la dernière fois je vous tiens dans mes bras !
   (Avec violence)
Mais que dis-je ? Non, non, nous ne nous quittons pas ;
Vous ne resterez pas au pouvoir d'un barbare ;
Vous me suivrez !...

IPHISE.

Hélas! quel trouble vous égare?
Madame, au nom des dieux, reprenez vos esprits.
Vous leur dites adieu.

MÉDÉE.

Je sais ce que je dis...
Mais le puis-je? Grands dieux, connais-je ma faiblesse?
Oui, mais quoi! leur aspect amollit ma tendresse,
Je me trouble, je sens expirer mes fureurs;
J'ai besoin de courage, et je verse des pleurs;
Je pleure... Éloigne-les.

IPHISE.

Quel horrible prestige!
Vous me les demandiez...

MÉDÉE, *avec fureur*.

Éloigne-les, te dis-je.
De cet appartement qu'on les fasse sortir.
Oui, je sens que j'allais me laisser attendrir.

(*A Iphise*)

Toi, cours au temple, Iphise, et viens en diligence
Me dire si le crime a reçu sa vengeance.

SCÈNE IV

MÉDÉE, seule.

MÉDÉE, *tirant un poignard et se promenant sur le théâtre.*

Le voici donc venu, ce moment plein d'horreur !
Haine, vengeance, amour, soutenez ma fureur !
Et vous, dieux infernaux, seuls dieux que sert Médée,
Que ma main soit par vous raffermie et guidée !
O toi de mes forfaits redoutable instrument,
Toi qui vas, dès ce soir, les punir dans mon sang,
Toi qui servis si bien ma fatale colère,
Toi que ma main plongea dans le sein de mon frère,
Si, par des coups si sûrs, tu sus jusqu'à ce jour
Servir tous les desseins de mon funeste amour,
Si, détestable sœur et parricide fille,
Je t'ai couvert du sang de toute ma famille,
Venge aujourd'hui ce sang pour un ingrat versé,
Et venge après le ciel de ma vie offensé !

(Elle s'approche de la porte de l'appartement où sont ses enfants et s'arrête)

Mais quoi ! je sens déjà ma fureur chancelante,
Et le poignard échappe à ma main défaillante !

Par quel secret pouvoir ce bras est-il lié?
Tais-toi, funeste voix d'une aveugle pitié!
Quoi donc! Je laisserais à l'ingrat qui m'outrage
D'un hymen qu'il trahit ce détestable gage!
Dans leur sang malheureux j'épargnerais son sang!
Je mourrais sans laisser un exemple éclatant!
Pour céder un instant au cri de la nature,
J'épargnerais ce coup à l'âme du parjure!
Et mes yeux le verraient, à mon dernier soupir,
Jouir encor d'un bien qu'il me voulait ravir!
Et vous, tristes objets de la haine céleste,
Rejetons condamnés d'une tige funeste,
Pourquoi donc vous laisser la lumière des cieux?
Pour que, traînant partout vos destins odieux,
Vil mépris des mortels et rebut de la Grèce,
Vous maudissiez cent fois le jour que je vous laisse,
Et recueillant le fruit de mes atrocités,
Honteux et rougissant du nom que vous portez,
Vous détestiez le sein qui vous donna naissance;
Ou bien pour qu'un perfide, instruisant votre enfance
A mépriser le sang que vous donna ce cœur,
Mon propre nom pour vous soit un objet d'horreur!
Non, cette idée affreuse affermit mon courage.
Avançons...

(Elle veut se précipiter vers l'appartement de ses fils et paraît arrêtée malgré elle par une main invisible)

Je ne puis avancer davantage.
Une invisible main semble arrêter mes pas.

Et, prête à les frapper, je sens faiblir mon bras.
Quoi! ta voix sur nos cœurs est-elle si puissante,
O nature? Est-ce toi qui rends ma main tremblante?
Eh bien, je t'obéis!... mes efforts sont perdus...
Tu le veux... Ils vivront... c'est un crime de plus.

(Elle jette son poignard loin d'elle. Moment de silence)

O vous, vous qui lisez dans le cœur d'une mère,
Assouvissez, grands dieux, votre juste colère!
Et vous, mânes cruels, par mes mains outragés,
Dites-moi... Mes forfaits sont-ils assez vengés?...
Mais qu'entends-je?

SCÈNE V

MÉDÉE, IPHISE.

MÉDÉE.

C'est toi! Dieux! que viens-tu m'apprendre?
Suis-je vengée, enfin, et que faut-il attendre?

IPHISE.

La mort!

MÉDÉE.

Quoi ! la princesse ?

IPHISE.

En ce moment affreux,
Elle expire...

MÉDÉE.

Et je suis au comble de mes vœux !
Mais parle.

IPHISE.

Au seuil du temple à peine parvenue,
Et dans la foule enfin moi-même confondue,
J'ai tout vu. Tout mon cœur frémit à ce récit,
A peine puis-je encore en croire mon esprit !
Déjà fumait l'encens des derniers sacrifices,
Et, pour rendre les dieux à cet hymen propices,
Autour de leurs autels les prêtres assemblés
Faisaient couler le sang des taureaux immolés.
Tout à coup, ô frayeur ! sur l'autel d'hyménée
Le feu sacré s'éteint : Athènes consternée
Croit voir dans ce prodige un augure effrayant.
On s'écrie, on pâlit ; mais Jason, se levant :
Prêtres, dit-il, et vous, peuple faible et crédule,
Bannissez, bannissez un effroi ridicule.
Si l'hymen devant vous éteint son vain flambeau,
Nos cœurs, nos propres cœurs brûlent d'un feu plus beau.
Tout le peuple à ces mots reprend son allégresse,
Et Jason s'approchant de la triste princesse :

Venez, dit-il, venez embellir mon destin !
Recevez en ce jour et l'empire et ma main !
Régnez sur les États que ma valeur vous donne,
Et des mains de l'amour recevez la couronne !
Il dit... et sur sa tête attache de sa main
Ce fatal instrument d'un sinistre dessein.
Mais à peine, grands dieux ! le fatal diadème
A-t-il touché le front de la beauté qu'il aime,
Soudain vous l'eussiez vue et rougir et pâlir,
Du voile de la mort ses beaux yeux se couvrir,
Rappeler, mais en vain, une voix expirante,
Et dans les bras du traître enfin tomber mourante !

MÉDÉE.

Digne spectacle, ô dieux, de mon cœur irrité !
Mais Créon ?

IPHISE.

Auprès d'elle il s'est précipité,
Et son âme, à ce coup, mais trop tard, éclairée :
Juste ciel, a-t-il dit, je reconnais Médée !
Gardes, qu'à ma fureur elle n'échappe pas !
Entourez le palais d'armes et de soldats ;
Je veux que sous ses yeux son horrible famille
Meure dans les tourments et te venge, ô ma fille !
Et tandis que tous deux, autour d'elle empressés,
Cherchent à rappeler dans ses esprits glacés
Les restes presqu'éteints de sa vie expirante,
M'échappant au travers de la foule ignorante,

J'arrive, et viens m'offrir à leurs trop justes coups,
Madame, et s'il le faut, mourir auprès de vous!
Mais quoi! vous vous troublez, vous changez de visage,
Et ce dernier instant abat votre courage!

MÉDÉE.

Que tu me connais peu! je ne crains pas pour moi,
Et j'éprouve bien plus de plaisir que d'effroi.
Iphise, ils viennent donc venger sur ma famille
Le meurtre d'une amante et celui d'une fille.
Je verrai devant moi mes enfants expirer,
Et leur sang innocent va les désaltérer!
Ils viennent à mes yeux vous punir de mes crimes,
O mes fils! dieux cruels! malheureuses victimes!
Et je verrais vos cœurs déchirés par leur main!
Et je contemplerais ce spectacle inhumain!
Qu'ai-je fait? Et pourquoi m'avez-vous retenue,
Dieux? Et toi, dans mon cœur si longtemps inconnue,
O funeste pitié, je t'ai trop écouté!

(Elle saisit de nouveau le poignard)

Sauvez-les, sauvons-les de leur férocité!...
Vous mourrez! mais au moins leur cruelle espérance
N'étendra pas sur vous sa cruelle vengeance!
Et le sang répandu par ce coup odieux
Va demander pour vous deux fois vengeance aux dieux.

(Elle se précipite dans l'appartement de ses fils)

IPHISE.

Que faites-vous, Madame? O ciel! jour effroyable!...

MÉDÉE, *après un moment, sort de l'appartement de ses fils, dans l'attitude d'une femme égarée et accablée par la fatalité, les deux bras élevés sur sa tête, et tenant encore d'une main le fer sanglant.*

Frappez, frappez, ô Dieux! un monstre épouvantable!
Enfer, entr'ouvre toi, mes forfaits sont remplis!
De mes crimes je viens vous demander le prix.
Voyez, de tous côtés quelle foule ennemie
Des mânes qui sur moi viennent venger leur vie!
J'en vois un plus horrible... il s'approche, et mes yeux
Reconnaissent le coup... C'est mon frère, grands dieux!
Il déchire mon cœur, et sa main frémissante
Ne peut servir assez sa rage renaissante.
Cruels! votre courroux n'est-il pas assouvi?
Non, non! eh bien frappez! Mais quoi! vous! vous aussi,
Vous mes fils! vous mon sang! Votre main implacable
Se plonge dans le sein d'une mère coupable!
Hélas! en vous perçant ne vous sauvai-je pas
Des fureurs d'un barbare?... Ils ne m'entendent pas,
Et d'un coup trop affreux me retraçant l'image,
Me couvrent de leur sang qu'a répandu ma rage,
Et j'expire cent fois sous leurs coups redoublés!

(*Moment de silence... et revenant à elle*)

Mais d'une vaine erreur mes yeux sont donc troublés!

(*En regardant autour d'elle et apercevant le poignard teint de sang et Iphise pleurant*)

Quoi! je respire encore et je vois la lumière!
Quoi! je vis, et ce jour, ce jour affreux m'éclaire!

Il est donc vrai, les dieux, au suprême moment,
Laissent voir aux mortels le sort qui les attend :
Je vois les sombres bords où m'attend leur colère,
Mais l'enfer ne m'est pas plus cruel que la terre !

SCÈNE VI

MÉDÉE, IPHISE, CRÉON, SUITE.

CRÉON, *accourant, son épée à la main.*

Vengeons, vengeons sur elle un coup trop inhumain.
Monstre ! ce coup n'a pu partir que de ta main.
Que ta mort à nos yeux venge enfin ta victime !
Oui, ce crime du moins sera ton dernier crime !

(*Levant son épée prête à frapper Médée*)

Reçois ce sang impur à tes mânes versé,
Ombre chère et funeste !

MÉDÉE.

Arrêtez, insensé !

SCÈNE VII

Les Précédents, JASON *arrivant sur le théâtre, égaré, furieux,* ÉGISTHE.

JASON.

Où sont-ils ? Est-il temps de les sauver encore ?
Où sont mes fils, grands dieux !

(*A Créon*)

O vous, vous que j'implore,
Rendez-moi, rendez-moi mes enfants malheureux !
Vous devez vous venger plus sur moi que sur eux !

MÉDÉE.

Ils ne redoutent plus l'effet de sa vengeance.

JASON.

Quoi ! grands dieux ! ils seraient !...

MÉDÉE.

Ils sont en ma puissance.

JASON.

Ciel ! quel nouveau forfait dois-je encore entrevoir ?

(A Médée)

Rends-moi, rends-moi mes fils !

MÉDÉE *s'avançant vers le rideau qui couvre l'entrée de l'appartement de ses fils.*

Eh bien, tu vas les voir !
Avant de m'outrager tu devais me connaitre ;
Tu vas voir si j'ai su me bien venger d'un traitre !
Je t'enlève une amante, et c'est trop peu pour toi :
Tes enfants te restaient. Regarde, et connais-moi !

(Elle soulève d'une main le rideau et de l'autre tient le poignard. Jason se précipite pour voir les enfants. Il recule)

JASON.

Que vois-je ! dieux vengeurs ! ils sont tous deux sans vie !
Elle a pu consommer ce sacrifice impie !
Je me meurs !... Viens, fuyons ces exécrables lieux !

MÉDÉE.

Fuis !... Moi je meurs, perfide ! et voilà mes adieux !

FIN DE MÉDÉE

PLAN D'UNE MÉDÉE

PLAN D'UNE MÉDÉE[*]

ACTE PREMIER

SCÈNE PREMIÈRE

EXPOSITION.

Jason fait l'exposition en racontant à Égisthe son arrivée chez Créon, roi d'Athènes, le déguisement sous lequel il y a présenté son épouse abhorrée de

[*] On remarque quelque différence entre la tragédie de *Médée*, telle que l'a écrite M. de Lamartine, et le plan qui est donné ici : c'est la raison qui l'a fait imprimer. Les Éditeurs ont pensé qu'il serait intéressant de comparer la conception première de cette tragédie avec son exécution.

tous les princes de la Grèce. Égisthe le presse de retourner en Thessalie, où un parti puissant veut le remettre sur son trône. Jason lui découvre sa passion pour Créuse. Égisthe la combat en vain.

SCÈNE II

LES DEUX PRÉCÉDENTS, CRÉON.

Créon arrive, il offre ses secours à Jason, mais il veut auparavant que l'hymen l'unisse à sa fille.

SCÈNE III

JASON, ÉGISTHE.

Médée survient; elle veut presser le départ de Jason et le menace de se découvrir à Créon, s'il ne consent à s'éloigner promptement.

SCÈNE IV

JASON, *seul*.

ACTE DEUXIÈME

SCÈNE PREMIÈRE

MÉDÉE, IPHISE, *sa confidente*.

Médée témoigne à Iphise ses soupçons et sa jalousie sur son époux.

SCÈNE II

Créuse vient faire confidence à Médée de son amour pour Jason.

SCÈNE III

MÉDÉE, IPHISE.

Fureur et crainte de Médée.

SCÈNE IV

MÉDÉE, CRÉON, CRÉUSE.

Créon vient annoncer à sa fille son hymen prochain. Fureur de Médée ; elle se découvre à leurs yeux.

ACTE TROISIÈME

SCÈNE PREMIÈRE

CRÉON, JASON.

Créon reproche à Jason sa dissimulation et le menace d'enchaîner Médée et de la livrer à ses ennemis, s'il ne consent à la renvoyer sur-le-champ. Embarras de Jason qui s'y décide.

SCÈNE II

MÉDÉE, *chargée de fers,* JASON.

Celui-ci vient porter à Médée l'ordre de quitter la cour de Créon. Reproches et menaces de Médée.

SCÈNE III

CRÉON, MÉDÉE, JASON.

Créon vient, à la prière de Jason, briser les fers de Médée et lui annoncer qu'elle est libre de quitter sans danger ses États.

SCÈNE IV

Médée demande d'emmener avec elle ses enfants. On les lui refuse.

SCÈNE V

MÉDÉE, *seule*.

Imprécations de Médée.

ACTE QUATRIÈME

SCÈNE PREMIÈRE

MÉDÉE, IPHISE.

Médée expose à Iphise ses projets de vengeance, mais elle veut auparavant tenter un dernier moyen.

SCÈNE II

Elle se jette aux pieds de Créuse et lui redemande en suppliant son époux qu'elle lui ravit. Créuse est combattue entre la pitié et l'amour.

SCÈNE III

Mais Créon vient annoncer à Médée que le peuple d'Athènes, instruit qu'elle est dans son palais, la demande à grands cris, et qu'à peine une fuite rapide peut la sauver de sa fureur.

SCÈNE IV

Médée supplie Jason de lui pardonner sa fureur ; elle consent en apparence à son départ et lui demande à voir une dernière fois ses enfants.

SCÈNE V

MÉDÉE, IPHISE.

Fureur de Médée. Elle envoie à Créuse une cassette de pierreries empoisonnées, par Iphise.

ACTE CINQUIÈME

SCÈNE PREMIÈRE

MÉDÉE, seule.

SCÈNE II

On amène à Médée ses enfants. Elle les embrasse, puis tout à coup, sa fureur se rallumant, elle les repousse et les renvoie dans un appartement voisin.

SCÈNE III

On vient lui annoncer la mort de Créuse au pied de l'autel même.

SCÈNE IV

Elle se résout à massacrer ses enfants pour les soustraire à la vengeance de Créon.

SCÈNE V

Elle entre dans l'appartement de ses fils et en sort égarée, le poignard à la main.

PLAN DE ZORAÏDE

PLAN DE ZORAÏDE

Osmin, roi d'Antioche, a pour héritière de ses États et pour fille unique la belle Zoraïde. Antioche est assiégée par Conrad, prince de Suède, sous les ordres de Godefroy de Bouillon. Zoraïde, qui avait été une fois prisonnière de Conrad et qui avait conçu pour lui la plus violente passion, a été rachetée par son père et est avec lui renfermée dans Antioche.

1° Le siège s'avance et la ville est sur le point de se rendre. Zoraïde avoue son amour à son père indigné et lui demande de voir Conrad pour l'engager à sauver la ville : elle espère le fléchir par ses larmes.

2° Conrad arrive devant Zoraïde. Il gémit de ne

pouvoir obéir à son amante, mais sa parole est engagée à Godefroy et aux chrétiens : il mourra, mais il fera son devoir. Osmin irrité fait arrêter Conrad contre le droit des gens et lui annonce que si les troupes chrétiennes ne s'éloignent pas dans deux heures, il lui fera trancher la tête. Conrad se laisse conduire dans les fers et se résout à la mort.

3° Zoraïde, désespérée entre son père et son amant, ne peut voir sans horreur la trahison du premier. Elle gagne le gardien de Conrad, vient elle-même dans son cachot, brise ses fers et l'engage à fuir, mais à finir le siège. Conrad part en jurant à Zoraïde de revenir la délivrer bientôt et d'épargner son père.

4° Osmin, furieux de l'évasion de Conrad, mais ne soupçonnant pas sa fille, se prépare à soutenir courageusement l'assaut. Il jure de chercher partout et de tuer Conrad. Sa fille tremble et l'engage à ne pas aller combattre lui-même. Le voyant inébranlable, elle lui avoue que c'est elle qui a fait évader le héros chrétien et qu'il lui a promis de sauver ses jours et de lui rendre une partie de ses États. Osmin furieux s'emporte contre sa fille, se résout à mourir, mais, désespéré que Conrad épouse après sa mort Zoraïde, il laisse à Sélim, son vizir, l'ordre de la tuer sur-le-champ s'il apprend qu'il soit mort dans le combat.

5° Zoraïde, qui a entendu l'ordre de son père, tremble plus pour les jours d'Osmin que pour les siens. On vient annoncer à Sélim qu'Osmin a attaqué Conrad dans la mêlée et qu'on vient de voir succomber le premier. Sélim en porte la nouvelle à Zoraïde qui se tue elle-même, ne pouvant plus épouser le meurtrier de son père. Osmin, seulement blessé par Conrad, mais rendu à la vie par sa générosité, arrive avec lui pour lui donner la main de sa fille, touché d'une si belle action. Il apprend que, sur le bruit de sa mort, elle s'est ôté la vie. Il rouvre ses blessures et expire. Conrad vainqueur veut se tuer aussi, mais, retenu par ses chevaliers, il s'éloigne en maudissant sa victoire.

(*Sujet d'invention trouvé à Milly le 6 décembre 1813.*)

ACTE PREMIER

SCÈNE PREMIÈRE

ORCAN ET OSMIN.

Le roi s'informe des dispositions des chrétiens assiégeants, et Orcan lui annonce qu'il a vu tout disposé pour un assaut général, et que les guerriers d'Antioche, épuisés par de longs combats, commencent à perdre courage. Osmin sort pour aller les haranguer.

SCÈNE II

ZORAÏDE ET ÉLISE *sa nourrice.*

Zoraïde raconte à Élise comment elle vient d'apprendre que ce héros chrétien qui menace

Antioche est ce même Conrad dont elle a été un an la captive et pour qui elle brûle d'un amour insurmontable.

SCÈNE III

Osmin, désespéré de l'air d'abattement qu'il a remarqué dans ses guerriers que ses discours n'ont pu ranimer, entre sur la scène et engage sa fille à fuir par une porte secrète et à le laisser mourir seul en défendant son trône. Zoraïde veut mourir avec son père, mais il lui reste encore quelque espoir de le sauver. Elle avoue à son père qu'elle connait, qu'elle aime Conrad, qu'il brûle des mêmes feux pour elle, et lui demande de la laisser avoir une conférence avec ce héros. Elle espère l'engager à lever le siège et, en lui offrant sa main, en faire un défenseur. Osmin y consent.

SCÈNE IV

ZORAÏDE ET ÉLISE.

Zoraïde invoque tour à tour et ses dieux et les dieux des chrétiens pour favoriser son dessein.

ACTE DEUXIÈME

SCÈNE PREMIÈRE

CONRAD ET ERNEST, *arrivant au palais d'Osmin.*

Conrad attend avec impatience l'instant où il va revoir Zoraïde. Il craint, en la voyant, de perdre tout son courage; il maudit la nécessité où son honneur et sa religion le mettent de combattre contre le père de son amante. Ernest soutient sa vertu.

SCÈNE II

Zoraïde entre: elle lui dit le motif de l'entrevue, et lui assure que, s'il veut consentir à éloigner d'Antioche ses troupes, son père lui accorde sa main. Conrad désespéré est prêt à céder. Ernest le rappelle à son devoir. Il refuse et jure de mourir.

SCÈNE III

Osmin entre : indigné de l'outrage que lui fait un chrétien, il insulte Conrad, qui respecte en lui le père de Zoraïde et veut s'éloigner. Osmin lui déclare que les portes du palais sont fermées, qu'il écrive à ses chevaliers de lever le siège dans deux heures, sans quoi il les fera mourir sur-le-champ, Ernest et lui. Zoraïde s'indigne de la trahison de son père ; elle se jette aux genoux de tous deux, elle les supplie. Tous deux sont inflexibles. Le généreux Conrad aime mieux périr que de trahir ses amis et son Dieu. On l'entraîne dans une prison.

SCÈNE IV.

OSMIN ET ZORAÏDE.

Zoraïde lui représente en vain la noirceur de son action ; il se livre à des invectives contre les chrétiens.

ACTE TROISIÈME

SCÈNE PREMIÈRE

ZORAÏDE ET ÉLISE.

Zoraïde se décide à sauver un crime à son père et la vie à son amant. Élise veut en vain lui représenter le péril où elle s'expose. Toutes ses craintes cèdent à l'amour.

SCÈNE II

ZORAÏDE ET SÉLIM.

Zoraïde se jette aux pieds de Sélim et le supplie de lui laisser voir Conrad. Elle le gagne et le décide à le laisser échapper et à fuir avec lui la colère momentanée du sultan. Sélim y consent et va chercher Conrad.

SCÈNE III

ZORAÏDE, *seule*.

SCÈNE IV

Conrad arrive chargé de fers. Zoraïde lui annonce sa liberté et le conjure de fuir une mort certaine. Conrad refuse, craignant que la vengeance du sultan ne retombe sur Zoraïde. Celle-ci l'assure qu'il ne soupçonnera que Sélim, et lui fait ses adieux en le conjurant d'épargner son père et de faire son devoir. Conrad s'éloigne et sort des murs par une issue connue de Sélim.

ACTE QUATRIÈME

SCÈNE PREMIÈRE

Orcan vient annoncer l'évasion de Conrad. Fureur

d'Osmin contre le traître Sélim. Il ordonne qu'on lui amène le fils du traître et veut le punir du crime de son père. Zoraïde se jette au devant de lui et lui avoue que c'est elle qu'il faut punir, que Sélim n'a fait que suivre ses ordres, et que c'est elle enfin qui a sauvé Conrad. Fureur d'Osmin. Il repousse sa fille et tire son cimeterre pour l'en frapper.

SCÈNE II

On vient annoncer que Conrad s'avance pour donner le dernier assaut. Osmin se prépare à mourir du moins avec gloire, et jure de joindre et de combattre le perfide chrétien qui lui enlève sa fille et sa couronne. Mais, avant de partir, il la confie à Orcan, et lui ordonne, s'il apprend qu'il ait succombé dans le combat où il court, de tuer Zoraïde, afin que sa fille et son héritière ne devienne pas la proie de son vainqueur, de son meurtrier. Zoraïde se précipite à ses pieds pour le supplier de ne pas exposer ses jours; il la repousse et s'éloigne.

ACTE CINQUIÈME

SCÈNE PREMIÈRE

ZORAÏDE, *seule.*

Elle a entendu l'ordre de son père et tremble plus pour ses jours que pour sa propre vie.

SCÈNE II

Orcan vient annoncer à Zoraïde qu'Osmin s'est précipité au fort de la mêlée, a joint Conrad, l'a attaqué, et, percé d'un coup de ce redoutable ennemi, vient de tomber aux yeux des siens. Zoraïde, désolée et se reprochant cette mort, se tue elle-même, malgré les instances du compatissant Orcan.

SCÈNE III

SÉLIM ET ORCAN.

Orcan s'étonne de voir arriver Sélim. Celui-ci lui apprend qu'Osmin n'est point mort, que, blessé légèrement par Conrad, il est tombé aux pieds de ce généreux ennemi qui l'a épargné et lui a sauvé les jours, et que, touché de ses vertus et de son courage, Osmin vaincu rentre avec lui et lui accorde Zoraïde.

SCÈNE IV

OSMIN, CONRAD, ORCAN, SÉLIM, Chevaliers chrétiens, Guerriers sarrazins.

Osmin blessé arrive soutenu par Conrad. Il lui rend grâce et vient rendre le bonheur à sa fille. Il la demande. Orcan lui apprend sa mort malheureuse. Désespoir de Conrad et d'Osmin.

SCÈNE V

On apporte Zoraïde expirante: elle vient mourir

aux pieds de son père et aux yeux de son amant. Osmin désespéré rouvre ses blessures et meurt. Conrad se précipite sur son épée et veut suivre Zoraïde. Ernest et ses chevaliers le retiennent. Il maudit sa victoire et la vie.

(*Sujet d'invention trouvé à Milly le 6 décembre 1813.*)

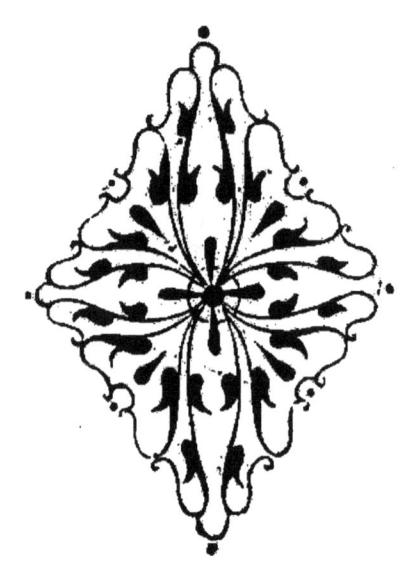

ZORAÏDE

TRAGÉDIE

(INACHEVÉE)

DEUX ACTES

PERSONNAGES

OSMIN, roi d'Antioche.
SÉLIM, vizir.
ZORAÏDE, fille d'Osmin.
CONRAD, prince de Suède.
ERNEST, ami et parent de Conrad.
ORCAN, ami d'Osmin.
ÉLISE, confidente de Zoraïde.
GUERRIERS MUSULMANS.
CHEVALIERS CHRÉTIENS.

La scène est au palais d'Osmin, dans Antioche assiégée.

ZORAÏDE

ACTE PREMIER

SCÈNE PREMIÈRE

OSMIN, ORCAN

OSMIN.

Eh bien! dernier appui des remparts d'Antioche,
Que viens-tu m'annoncer?

ORCAN.

Que le péril approche,

Seigneur, et que bientôt, par un dernier effort,
Il nous faut obtenir la victoire ou la mort!
Agité cette nuit d'une trop juste crainte,
De nos remparts croulants je visitais l'enceinte;
La nuit d'un voile épais couvrait au loin les airs,
Et du camp des chrétiens les feux étaient couverts.
Tout semblait reposer : un sinistre silence
De nos plus vieux guerriers trompait la vigilance,
Et ces lieux, pleins le jour de l'horreur des combats,
Retentissaient au loin du seul bruit de mes pas.
Tout autre à cet aspect se fût trompé peut-être,
Mais moi qui si souvent appris à les connaître,
Moi qui sais de leur art les perfides moyens,
Je frémis, et mon cœur devina les chrétiens.
Il est, vers l'Orient, une porte secrète :
C'est là que dirigeant ma démarche inquiète,
Jusqu'au pied de nos murs en silence conduit,
J'ai voulu profiter de l'ombre de la nuit,
Et, n'écoutant enfin que l'ardeur qui me guide,
Sous l'odieux habit de ce peuple perfide,
Seul et de tous côtés d'ennemis entouré,
Au milieu de leur camp, Seigneur, j'ai pénétré.
Vers ce temple sacré, que souille leur présence,
Déjà tous leurs soldats s'avançaient en silence,
Et, dans leurs rangs impurs moi-même confondu,
Je m'avance avec eux, hélas! et j'ai tout vu :
Le temple était rempli d'un appareil terrible,
Un prêtre y consommait ce sacrifice horrible
Où leur Dieu sanguinaire, invisible à nos yeux,
A la voix d'un chrétien descend au milieu d'eux;

Dieu cruel qui se plait au tumulte des armes,
Qui se nourrit de sang, qui s'abreuve de larmes.
Au moment formidable où leur divinité
Apparait, disent-ils, sur l'autel redouté,
Le prêtre leur montrant son image grossière :
« Jurez tous, a-t-il dit, par ce Dieu qui m'éclaire,
« De mourir, s'il le faut, pour ce Dieu mort pour nous !
« Versez pour lui ce sang qu'il répandit pour vous !
« Et que sa tombe sainte, en ces lieux outragée,
« Par le sang infidèle aujourd'hui soit vengée !
« Mourez, ou que demain ces odieux remparts
« Voient de l'auguste croix flotter les étendards ! »
Il dit. De ses accents les voûtes retentissent ;
Par des cris répétés les soldats applaudissent,
Et ce prêtre féroce, excitant leur fureur,
Leur montrait de la croix le signe protecteur,
Instruisait leur courage à mépriser la vie,
Et sur leurs glaives nus levant sa main impie,
Bénissait de la mort ces fatals instruments
Du sang de nos guerriers encore tout fumants.
Et moi, perçant le cours du torrent qui s'écoule,
Je m'échappe aisément inconnu dans la foule,
Je regagne nos murs, et viens vous annoncer
Les périls dont ce jour les va voir menacer.

OSMIN.

Va ! ce nouveau péril n'a rien qui m'intimide ;
J'ai connu les chrétiens : de nos trésors avide,
Ce peuple, de carnage et de sang altéré,
Couvre tous ses projets d'un prétexte sacré.

Amenés, disent-ils, par une main divine,
Leurs torrents destructeurs couvrent la Palestine;
Leurs mains de flots de sang inondent ces climats
Pour je ne sais quel Dieu que l'on n'y connait pas.
En vain, exterminant cette horde ennemie,
Les fleuves de Judée ont bu leur sang impie;
Par leurs propres malheurs bientôt se renforçant,
Les barbares semblaient renaitre de leur sang,
Comme au flot qui s'abime un autre flot succède.
Cédons à leurs destins, Orcan, puisque tout cède:
A les combattre en vain j'usai mes plus beaux ans,
J'espérais, de lauriers couvrant mes cheveux blancs,
Ramener dans ces murs purgés de leur présence
Le bonheur et la paix... inutile espérance!
Je vois mes ennemis, fiers de succès nouveaux,
Troubler de mes vieux jours l'honneur et le repos;
J'entraine ces climats dans ma chute funeste,
Et mourir avec gloire est tout ce qui me reste.
Ce sort est assez beau, je ne m'en plaindrai pas.
Autant que je l'ai pu, j'ai sauvé ces États,
Et ce reste de jours, que je leur sacrifie,
Jette un nouvel éclat sur le soir de ma vie.
Ce trône malheureux ne tombe qu'après moi.
Je le regrette peu. Mais ma fille, mais toi,
Seul reste de ce sang cher à la Palestine,
Qui sur ce trône hélas! témoin de ma ruine,
Devais t'asseoir un jour, et donner après moi
A ce sceptre un soutien, à ces États un roi,
Qui déjà, des chrétiens connaissant trop les haines,
As vu tes nobles mains porter d'indignes chaînes,

Faudra-t-il donc, grands dieux ! cédant à mes destins,
Une seconde fois te laisser dans leurs mains,
Zoraïde, expirant au sein de l'esclavage !
Ah ! mon audace tremble à cette horrible image.

ORCAN.

A mon zèle, Seigneur, daignez la confier.
Je puis répondre encor de ce dépôt si cher :
Du côté de Tortose une secrète issue...

OSMIN.

Eh quoi ! tu veux si tôt me priver de sa vue !
Hélas ! quand par des mers j'en serai séparé,
Penses-tu que mon cœur en soit plus rassuré ?
Et dois-je donc déjà m'imposer la tristesse
D'un adieu si cruel, Orcan, à ma vieillesse ?
Auprès de mes vieux ans qui la remplacera ?
Tu l'as vu, lorsqu'un jour le sort m'en sépara,
Lorsque loin de ces murs, dans sa fuite imprudente,
Aux mains de ces chrétiens elle tomba vivante,
Ce reste de mes jours me devint odieux,
Je la cherchais, Orcan, je l'appelais ; mes yeux,
Parcourant tristement mon palais solitaire,
Recherchaient tour à tour et fuyaient la lumière ;
Je demandais partout ou ma fille ou la mort.
Et tu veux que mon cœur s'impose un pareil sort ?
Tu veux... Non, je ne puis y consentir encore...
Espérons que ce Dieu, que ma vieillesse implore,
Plus puissant que celui de nos persécuteurs,
Peut encor d'Antioche arrêter les malheurs !

ORCAN.

Hélas!

OSMIN.

Eh quoi! peux-tu douter de sa puissance?

ORCAN.

J'ai mis en lui longtemps une ferme espérance,
Seigneur, mais de ce dieu l'implacable courroux
Semble lui-même enfin se tourner contre nous.

OSMIN.

Que dis-tu? Nous a-t-il ôté notre courage?

ORCAN.

Il ne nous laisse plus qu'une inutile rage.
Fatigué d'un péril sans cesse renaissant,
Le peuple attend le joug d'un œil indifférent;
Et de leurs vains efforts déplorant l'impuissance,
De nos plus vieux guerriers la stérile vaillance,
Seigneur, malgré ma voix commence à sommeiller.

OSMIN.

C'en est assez, ami, je vais la réveiller:
Contre le dernier coup dont ce jour nous menace,
Je saurai dans leur cœur rallumer leur audace;
Ils me verront, Orcan, ils entendront la voix
Qui dans tous les périls les guida tant de fois,
Et de tant de lauriers la gloire encor présente,
Raffermira, crois-moi, leur valeur chancelante.

Viens! ce fer, trop pesant pour ma tremblante main,
Peut de la gloire encor leur montrer le chemin!

SCÈNE II

ZORAÏDE et ÉLISE

ZORAÏDE, *une lettre à la main.*

Ce sont ses traits! c'est lui; je ne puis m'y méprendre!
O jour, ô jour fatal! et que viens-je d'apprendre!
Élise, soutiens-moi...

ÉLISE.

Qu'avez-vous, justes dieux!
Et que peut contenir cet écrit odieux?

ZORAÏDE.

O juste châtiment d'une coupable flamme!
O fatale lumière!

ÉLISE.

Expliquez-vous, Madame;
Sur ce triste secret que mon cœur éclairci...

ZORAÏDE.

Hélas! en l'apprenant tu vas frémir aussi.

Tu t'en souviens (souvent ma fatale tendresse,
Par d'amers souvenirs nourrissant ma tristesse,
Ramenait entre nous ce funeste entretien);
Je n'ai que trop parlé de ce guerrier chrétien...

ÉLISE.

Quoi! ce jeune héros dont votre âme charmée
Entretint tant de fois ma tendresse alarmée?
Ce chrétien, ce farouche et cruel ravisseur....

ZORAÏDE.

Hélas! je t'ai trop dit comment mon triste cœur,
Pour ce fier ennemi, dont je fus prisonnière,
Nourrit, malgré ses dieux, sa flamme involontaire;
Tu sais combien de fois, me reprochant ces feux,
Je jurai d'étouffer un amour odieux;
Tu vis combien ces yeux, sensibles à ses charmes,
Aux pieds de nos autels en ont versé de larmes:
Il semble qu'en secret un noir pressentiment,
De ce coupable amour prévint le châtiment,
Élise...

ÉLISE.

Eh quoi, grands dieux! ne pouvez-vous l'éteindre?

ZORAÏDE.

Hélas! il n'est plus temps: tout ce que j'ai pu craindre
Du pouvoir malheureux de mon affreux destin,
Tout ce que j'attendais, Élise, arrive enfin!

ÉLISE.

Dieux !

ZORAÏDE.

Ce persécuteur de ma triste patrie,
Qui menace d'un père et le trône et la vie,
Ce guerrier qu'Antioche enfin voit aujourd'hui
Apporter la terreur...

ÉLISE.

Que dites-vous ?

ZORAÏDE.

C'est lui !
C'est ce cruel amant que ma patrie abhorre,
Que je crains, que j'accuse, et que j'adore encore !

ÉLISE.

Voilà donc de ces feux l'inévitable fruit !
C'est donc là qu'un amour aveugle vous conduit !
Et vous pouvez encore adorer le perfide !
Quand sur les jours d'Osmin, d'une main parricide,
Il lève le poignard couvert de notre sang,
Sa fille ose dans lui voir encor son amant !

ZORAÏDE.

Va, ce cœur malheureux, que le remords déchire,
S'en est plus dit cent fois que tu ne peux m'en dire :
Si les dieux à mes pleurs s'étaient laissé toucher,
Tu n'aurais plus, Élise, à me le reprocher !

ÉLISE.

Eh bien! voyez le prix d'une ardeur si constante :
A son ambition immolant son amante,
Le barbare s'unit à nos persécuteurs ;
Il guide contre nous leurs torrents destructeurs,
Et, pour prix de l'amour que vous deviez attendre,
Désolant ces États qu'il aurait dû défendre,
Du sang de votre père il vient souiller son bras.
Il vient...

ZORAÏDE.

Arrête, Élise, et ne l'accuse pas :
Connais mieux ce héros que son serment enchaîne,
Connais mieux ces chrétiens que méconnaît ta haine.

ÉLISE.

Par leurs sanglants forfaits ils sont assez connus.

ZORAÏDE.

Pour être nos rivaux ont-ils moins de vertus ?
Ce peuple redouté, que nous nommons barbare,
Dont une juste haine aujourd'hui nous sépare,
Et que ses prêtres seuls ont fait notre ennemi,
Des braves Ottomans méritait d'être ami :
Il a même valeur et bien moins de rudesse,
Une franchise égale et plus de politesse ;
Et d'un culte opposé défenseurs tous les deux,
Ils ont mêmes vertus, quoiqu'ils aient d'autres dieux.
J'éprouvai leur douceur ainsi que leur courage :
Ce sexe, après la gloire, a leur premier hommage,

Et la beauté, souvent captive dans ces lieux,
Y partage l'encens qu'ils offrent à leurs dieux.
Qui le sait mieux que moi? Tandis que, désolée,
Tu plaignais loin de toi ma jeunesse exilée,
Et qu'un père alarmé, dans ses justes douleurs,
De ma captivité déplorait les rigueurs,
Autant qu'en ce palais, dans leur camp souveraine,
De mes fiers ravisseurs je paraissais la reine :
Ces chevaliers chrétiens, à mes pieds prosternés,
Semblaient d'humbles captifs à ma suite enchaînés,
Et tous, humiliant leur superbe courage,
De leurs cœurs généreux volontaire esclavage,
Déposant devant moi tout l'orgueil du vainqueur,
D'un regard de mes yeux se disputaient l'honneur.
De leurs pièges flatteurs qui pouvait se défendre?
Élise, le plus fier paraissait le plus tendre.
Conrad au milieu d'eux régnait par sa valeur,
Par ses vertus bientôt il régna dans mon cœur :
Je nourris une erreur qui me devint trop chère,
J'oubliai que la loi de leur fatal honneur
Devait, même sur moi, l'emporter dans son cœur,
Et que peut-être un jour sa main devrait détruire
Ce trône où je m'assieds, ces murs où je respire!

ÉLISE.

Quel est donc cet honneur, inconnu parmi nous,
Qui le force, Madame, à s'armer contre vous?
Quelle loi, quel serment que la nature ignore,
L'oblige à se baigner dans un sang qu'il adore?

ZORAÏDE.

C'est la loi de ce Dieu, qui seule arme leur bras,
De ce Dieu sans pitié, funeste à nos climats !

ÉLISE.

S'il vous aimait, Madame, il aurait su l'enfreindre.

ZORAÏDE.

Je ne sais si je dois l'accuser ou le plaindre,
Et, de quelque côté que je porte mes yeux,
Élise, je ne vois qu'un avenir affreux :
Si je plains d'un amant le crime involontaire,
J'outrage ma patrie et j'offense mon père,
Et, dans mes vœux flottants, je trahis tour à tour
Mon père ou mon amant, la nature ou l'amour.

SCÈNE III

OSMIN, ORCAN, LES PRÉCÉDENTES.

ÉLISE.

Mais j'aperçois Osmin.

ZORAÏDE.

Oh ! cachons-lui mes pleurs !

OSMIN, à *Orcan.*

Eh bien! vous triomphez, Dieu de nos oppresseurs!...
C'en est fait, cher Orcan, je n'ai plus d'espérance :
Je n'ai pu rappeler leur antique vaillance ;
Pour la première fois je les ai vus trembler,
La honte devant moi semblait les accabler ;
Ils ont rougi d'abord en me voyant paraitre,
Et j'ai cru dans leurs cœurs voir leur vertu renaitre ;
Mais ce feu passager s'est bientôt effacé,
Et leurs yeux inquiets, leur front embarrassé,
Ces regards tristement attachés à la terre,
Ces cris séditieux d'un peuple téméraire,
Ces plaintes, ces soupirs, autrefois inconnus,
Ces blessés déplorant leurs services perdus,
Ces murmures secrets échappés de leur bouche,
Et des soldats muets le silence farouche,
Tout a fait voir, Orcan, à mes yeux affligés,
Que sans retour enfin nos destins sont changés ;
De nos plus vieux guerriers le courage succombe,
C'était mon seul espoir... et cet empire tombe.

(*A sa fille*)

Ma fille! vous voyez un prince infortuné,
Sur la fin de ses jours du ciel abandonné.
Ce jour éclairera notre chute funeste...
Le temps est précieux, le peu qui nous en reste
Peut vous sauver encor de nos persécuteurs.
Hélas! vous avez trop partagé mes malheurs.
Satisfait en ce jour d'immoler ma vieillesse,
Que ce ciel rigoureux sauve votre jeunesse!

Je m'étais trop flatté qu'en des temps plus heureux
La main de Zoraïde aurait fermé mes yeux;
J'espérais, relevant ce trône qui chancelle,
Le défendre longtemps, le conserver pour elle;
Mes yeux en le quittant vous y verraient asseoir...
Ces barbares chrétiens ont détruit mon espoir.
Ils l'emportent enfin! Mais je ne veux le rendre
Que couvert de ce sang qui ne l'a pu défendre,
Et mes regards du moins ne les y verront pas,
Insultant à ma cendre, opprimer ces États.
Mais vous, seul rejeton de ma triste famille,
Dont le crime à leurs yeux serait d'être ma fille,
De cet adieu fatal quelle que soit l'horreur,
Fuyez, dérobez-vous à leur juste fureur,
Et, loin de ces États, hélas! allez attendre
Qu'un ciel moins irrité puisse un jour vous les rendre.
Orcan loin de ces lieux saura guider vos pas.
Voyez mes pleurs, ma fille, et n'y résistez pas.

ZORAÏDE.

Non, quel que soit le sort que ce jour nous prépare,
Je n'obéirai point à cet ordre barbare;
Et plus de nos périls l'instant semble approcher,
Moins de vos bras, Seigneur, on pourra m'arracher!
Hélas! c'est pour vous seul que j'ai chéri la vie,
Et si j'ai regretté ma liberté ravie,
Si, témoin des malheurs qui menacent ces lieux,
J'ai conservé des jours qui m'étaient odieux,
Le seul espoir, Seigneur, qui soutint ma jeunesse,
C'était de consoler un jour votre vieillesse,

D'adoucir les chagrins de vos jours malheureux,
Ou que le même instant les finit tous les deux :
La mort à vos côtés n'a rien qui m'intimide.

OSMIN, *l'embrassant.*

Je n'attendais rien moins du cœur de Zoraïde !
Dieu, qui de ces vertus voulûtes l'embellir,
Ne me les montrez-vous que pour me les ravir ?
Ma fille, de ce dieu le courroux inflexible
A tes pleurs quelque jour deviendra plus sensible ;
Laisse-le sur ma tête épuiser son courroux,
Va chercher un asile...

ZORAÏDE.

En est-il loin de vous ?
Mon père, permettez qu'à vos pieds que j'embrasse
De mourir près de vous j'en obtienne la grâce !

OSMIN.

Non, ce dieu moins cruel ne t'exaucera pas.
Orcan, que loin de moi l'on entraîne ses pas :
Son aspect m'attendrit, ma force m'abandonne.
Obéissez, ma fille, un père vous l'ordonne !

ZORAÏDE.

Non, cruel, non ! plutôt que de vous obéir,
A vos sacrés genoux vous me verrez mourir ;
Non, vous dis-je, j'y reste, et ce ciel que j'implore
Peut-être par ma voix veut vous sauver encore !

OSMIN.

Que dit-elle?...

ZORAÏDE.

Apprenez un secret plein d'horreur :
Ce féroce chrétien, ce cruel ravisseur,
Qui, lorsque dans ces lieux j'errais en fugitive,
Entraîna loin de vous ma jeunesse captive,
Est ce même guerrier qui commande aujourd'hui
Nos cruels ennemis qui combattent sous lui.

OSMIN.

Juste Dieu! se peut-il?

ZORAÏDE.

Apprenez plus encore :
Ce ravisseur!...

OSMIN.

Eh bien?

ZORAÏDE.

Il m'aime et je l'adore!

OSMIN.

Dieu vengeur! Zoraïde amante d'un chrétien!
Et tu peux avouer ton opprobre et le mien!
O honte de ma race, ô trop malheureux père!
Que ne me cachais-tu cet horrible mystère?

ZORAÏDE.

Mon père, suspendez cet injuste courroux :

Je n'ai déshonoré ni votre sang ni vous;
Ce cœur, qui malgré moi brûle d'un feu coupable,
N'eût jamais avoué cet amour déplorable.
Fidèle à ma patrie et fidèle à nos dieux,
Je l'aurais jusqu'au bout couvert à tous les yeux.
Et j'aurais attendu qu'un trépas salutaire
Cachât dans le tombeau ma honte et ma misère.
Ce ciel impitoyable, et qui connait mon cœur,
Sait si de votre nom j'ai démenti l'honneur :
Aux pieds de ses autels il a vu mes alarmes;
Il les a vus le jour arrosés de mes larmes,
Et la nuit a caché mes éternels combats
Devant ces Dieux cruels qu'ils ne fléchissaient pas.
Dans d'inutiles pleurs ma jeunesse flétrie
Demandait chaque jour le terme de ma vie :
Sa haine inexorable était sourde à mes cris.

OSMIN.

Que ne t'exauçaient-ils! Je les aurais bénis
Avant que leur courroux, funeste à ma famille,
M'eût appris en mourant la honte de ma fille.

ZORAÏDE.

Quoi! peut-être ces jours qu'ils ont su conserver
Étaient-ils destinés, Seigneur, à vous sauver.

OSMIN.

Qu'entrevois-je, grands dieux, et que va-t-elle dire?
Juste ciel!

ZORAÏDE.

Écoutez ce que le ciel m'inspire :
Souvent sa volonté, qui se cache à nos cœurs,
Tire notre salut du sein de nos malheurs,
Et, retirant la main qu'il lève sur nos têtes,
Ramène un calme heureux au plus fort des tempêtes.
Les plus faibles mortels deviennent dans ses mains
D'aveugles instruments de ses secrets desseins;
Et, changés tout à coup par sa toute-puissance,
Nos plus grands ennemis prennent notre défense!

OSMIN.

Que veux-tu dire enfin?

ZORAÏDE.

Que de nos fiers vainqueurs
Peut-être il peut encor vouloir changer les cœurs!

OSMIN.

Je devrais mon salut à leur pitié cruelle!
Leur courroux m'est cent fois plus supportable qu'elle!

ZORAÏDE.

Ne pouvez-vous du moins le devoir à l'amour?

OSMIN.

Justes dieux!

ZORAÏDE.

Permettez qu'en ce funeste jour
L'amour, pour vous sauver, essaie sa puissance;

Permettez que Conrad paraisse en ma présence.
Il m'aime, je le sais; dans ces tristes combats
Son cœur ne fut jamais d'accord avec son bras;
Il ne sert qu'à regret sa barbare patrie.
J'ai vu sur nos malheurs sa grande âme attendrie
Maudire trop souvent les funestes liens
Qui condamnaient son bras à servir les chrétiens;
Je l'ai vu s'indigner qu'une cause sacrée
Par le fer et le feu se vit déshonorée,
Et qu'aux ordres cruels d'un prêtre ambitieux
On fit couler le sang pour la cause des dieux;
Je l'ai vu s'affliger d'une guerre inhumaine,
Et détester enfin le serment qui l'enchaîne.
Et maintenant, Seigneur, qu'il combat contre moi,
Que son cœur, asservi sous une dure loi,
Se révolte en secret contre un destin funeste,
Et qu'il sert à regret un parti qu'il déteste,
Pensez-vous que ce cœur, insensible à mes pleurs,
Puisse être vainement témoin de mes douleurs,
Et voir, sans s'attendrir, sa malheureuse amante
Lever vers lui, Seigneur, une main suppliante,
Lui demander, pour prix d'un amour malheureux,
D'éloigner les périls qui menacent ces lieux?

OSMIN.

Qu'as-tu dit? Quoi, grands dieux! cet ennemi terrible
Pourrait... Tu connais mal un vainqueur inflexible.

ZORAÏDE.

Je connais mieux, Seigneur, un illustre ennemi,

Digne et de vous combattre et d'être votre ami.
Souffrez que dans son camp un messager fidèle,
En votre nom, Seigneur, dans ce palais l'appelle,
Et qu'au sein de nos murs, ennemi respecté,
Il puisse dans ces lieux paraitre en sûreté.
De votre foi sacrée envoyez-lui ce gage,
Il le reconnaitra : le reste est mon ouvrage.

OSMIN.

Tu le veux, j'y consens ; si son cœur généreux
Est sensible aux destins d'un père malheureux,
S'il éloigne à ta voix la mort qui l'environne,
Si de sa chute enfin il préserve ce trône,
Et s'il donne la paix à ton triste pays,
Je sais de ses bienfaits quel doit être le prix.
Mais si ce fier chétien, trop fidèle à sa cause,
Pouvait être insensible au prix qu'on lui propose,
Qu'il tremble ! Osmin jamais ne vit impunément
Mépriser ses bienfaits ou dédaigner son sang.

SCÈNE IV

ZORAÏDE, ÉLISE

ZORAÏDE.

C'en est fait, j'ai parlé, j'en ai trop dit peut-être !

Devant ces tristes yeux Conrad va reparaitre.
Essuiera-t-il mes pleurs, entendra-t-il mes vœux?
Ai-je trop présumé du pouvoir de ses feux?
Que dois-je attendre, hélas! O vous en qui j'espère,
Seul dieu de mon enfance et seul dieu de mon père,
Exaucez-moi, cruel, pour la première fois,
Et donnez en ce jour quelqu'empire à ma voix!
Et toi, Dieu redouté que mon amant adore,
Que je voudrais fléchir, mais que mon cœur ignore,
Impitoyable Dieu qui causes mon effroi,
Sauve aujourd'hui mon père, et je suis toute à toi!

FIN DU PREMIER ACTE

ACTE DEUXIÈME

SCÈNE PREMIÈRE

CONRAD, ERNEST

ERNEST.

Enfin votre imprudence en ces lieux vous a mis
A la discrétion de tous nos ennemis.
Seigneur, puisse le ciel veiller sur votre vie !
Le salut des chrétiens, que leur Dieu vous confie,
Eût exigé peut-être un parti plus prudent ;
N'est-ce point en ces lieux un piège qu'on vous tend ?
Connaissez-vous, Seigneur, ce musulman perfide ?
Ne redoutez-vous pas...

CONRAD.

Redouter Zoraïde !...

J'adore ses vertus, c'en est assez pour moi ;
Mon cœur qui les connaît s'abandonne à sa foi.
Ton ami dans ces lieux court des périls, sans doute,
Mais ce ne sont point ceux que ton âme redoute,
Et d'une amante en pleurs les touchantes vertus
Sont les dangers, ami, que mon cœur craint le plus.

ERNEST.

Fallait-il les chercher si vous deviez les craindre ?

CONRAD.

Cesse de m'accuser quand tu devrais me plaindre.
Ta sévère vertu, que rien ne peut fléchir,
Aux tourments de ce cœur ne sait point compatir :
L'amour n'est à tes yeux qu'une lâche faiblesse,
Rien n'a pu de ton cœur amollir la rudesse,
Et, témoin sans pitié de mes affreux combats,
Tu ne plains pas des maux que tu ne connais pas.

ERNEST.

Dois-je excuser, Seigneur, ce que le ciel condamne ?
Un cœur chrétien doit-il brûler d'un feu profane ?
Le devoir a parlé. Devez-vous aujourd'hui
Combattre encor, Seigneur, entre l'amour et lui ?

CONRAD.

Ah ! ne me parle plus de ce devoir funeste :
Je n'ai que trop suivi sa loi que je déteste ;
Faut-il, pour contenter et ce devoir et toi,
Immoler sans pitié mon amante à sa loi ?

ERNEST.

Un Dieu pour vous sauver s'est immolé lui-même
Levez les yeux vers lui dans ce péril extrême;
Présent au grand combat que vous allez donner,
Il est là pour vous perdre ou pour vous couronner.

SCÈNE II

ZORAÏDE, CONRAD, ERNEST, SUITE.

CONRAD, *se précipitant aux genoux de Zoraïde.*

L'ordre de Zoraïde en ce palais m'appelle !
Moment cher et fatal ! je parais devant elle :
Je la revois, ô ciel ! et je lui fais horreur !

ZORAÏDE.

Non, connaissez-la mieux ; relevez-vous, Seigneur.
Je vois un ennemi dans un héros que j'aime.
Je ne prononce pas. Qu'il se juge lui-même !
Le parti qu'à ma voix il va prendre en ce jour
Dira seul s'il fut digne ou de haine ou d'amour.

CONRAD.

Voyez un ennemi, mais non pas un perfide ;
Mon bras est à mon Dieu, mon cœur à Zoraïde.

Quel que soit le parti qu'ait dû servir ce bras,
Princesse, plaignez-le, mais ne l'accusez pas.

ZORAÏDE.

Un guerrier tel que vous se doit à sa patrie;
On ne peut l'accuser quand il s'y sacrifie.
Je le sais. Cependant, lorsqu'au camp des chrétiens
L'amour allait unir vos destins et les miens,
Et lorsque, me quittant pour me rendre à mon père,
Nous mêlions à nos pleurs les noms d'époux, de frère,
Avais-je dû m'attendre à vous voir en ces lieux
Démentir aussitôt de si tendres adieux?
Et sans vouloir vous faire un injuste reproche,
Etait-ce à vous, Seigneur, d'attaquer Antioche?
Ne pouviez-vous porter vos coups en d'autres lieux,
Et fallait-il mon sang pour contenter les dieux?

CONRAD.

Hélas! soumis aux lois d'un devoir trop sévère,
Ce que j'ai fait, sans doute il a fallu le faire.
Quand le ciel a parlé, quoi qu'il puisse souffrir,
Un guerrier parmi nous ne doit plus qu'obéir.

ZORAÏDE.

Obéir! Ainsi donc s'il t'ordonnait encore
De plonger un poignard dans ce cœur qui t'adore,
A la voix de ce Dieu, ton bras obéissant
Viendrait sans balancer se plonger dans mon sang!

CONRAD.

Qui? moi qui, pour sauver à vos yeux quelques larmes,

A verser tout mon sang aurais trouvé des charmes,
Que j'aille de vos jours, exécrable bourreau...

(En se tournant vers Ernest)

Quel cœur résisterait à cet affreux tableau ?...

ZORAÏDE.

Eh bien ! ce que j'ai dit, cruel, tu vas le faire :
Quand ta main sans pitié vient immoler mon père,
Lorsque, sur les débris de son trône écroulé,
Sous le fer des chrétiens son sang aura coulé,
Penses-tu que j'hésite un moment à le suivre ?
Que pour son meurtrier ce cœur consente à vivre ?
Qu'on m'entraine, à la voix d'un prêtre criminel,
Aux pieds de vos autels teints du sang paternel ?
Non, cruel, non, ton Dieu, rassasié de crimes,
De tes mains à la fois recevra deux victimes ;
Et le coup qu'à mon père aura porté ton bras
Sera le même coup dont tu me frapperas.

CONRAD.

Dieu ! je me fais horreur ! Qu'avez-vous dit, Madame ?

ZORAÏDE.

Eh quoi ! de ce tableau je vois frémir ton âme ?
Tout barbare qu'il est, ton cœur a frissonné ;
Des crimes qu'il prépare, est-il donc étonné ?
Eh bien ! si sur ce cœur qu'étonne ma présence
L'amour ou la pitié gardent quelque puissance,
Si tu frémis du coup que ton bras va porter,

Arrête, et jusqu'au bout daigne encor m'écouter :
Je ne veux point, usant de trop indignes feintes,
Te cacher nos périls ou te voiler nos craintes.
Il est vrai, ces remparts, attaqués par vos coups,
Sont prêts en s'écroulant à nous livrer à vous ;
Ces palais fastueux où régna mon enfance,
Nos temples, nos trésors, vont être en ta puissance ;
Ils n'ont plus, pour tromper l'attente des vainqueurs,
Qu'une femme, un vieillard, trop faibles défenseurs,
Trop indignes rivaux pour augmenter ta gloire ;
Antioche en un mot te cède la victoire.
Tout, jusqu'à ses dieux même, a trompé son espoir,
Et pour la renverser tu n'as plus qu'à vouloir.
Ordonne maintenant. Je dois du moins t'apprendre
A quel prix en tes mains tu la verras se rendre :
N'espérez pas, chrétiens, que nos lâches soldats
Aux fers de leurs vainqueurs aillent tendre les bras,
Qu'au sein de l'esclavage et de l'ignominie
Ils trainent, vils captifs, une honteuse vie :
Tout guerrier généreux est maitre de son sort,
Tous à la servitude ils préfèrent la mort,
Tous jurent de mourir aux pieds de leurs murailles,
Et vous n'aurez conquis qu'un champ de funérailles.
Ces palais embrasés s'écrouleront sur vous ;
Sous leurs débris sanglants nous aurons péri tous ;
Vos soldats, enflammés de la soif des rapines,
Ne se partageront qu'un monceau de ruines,
Ils ne trouveront plus qu'un horrible désert ;
Et le premier spectacle à tes regards offert
Sera ce corps sanglant, couché sur la poussière,

Et demandant vengeance à la nature entière :
Voilà ce que ce jour doit offrir à tes yeux.
Regarde ta victime, et poursuis si tu peux !

   CONRAD, *à part et égaré.*

Dieu cruel ! je ne puis t'obéir davantage,
Je suis vaincu, je cède à cette horrible image.
C'en est fait !...

   ERNEST, *à part.*

   Dieu puissant, de ce cœur combattu
Raffermis le courage et soutiens la vertu !

   ZORAÏDE.

Eh bien ! contre l'amour trop longtemps endurcie,
La pitié rentre enfin dans ton âme attendrie.
Zoraïde à ces pleurs reconnait son amant.
J'ai vaincu, cher Conrad, vois le prix qui t'attend :

 (En tombant à ses genoux)

C'est moi, c'est Zoraïde à tes pieds expirante
Qui vient te conjurer, d'une voix suppliante,
De recevoir ici, pour prix de son bonheur,
Et son trône, et ses jours, et sa vie, et son cœur !
Ce cœur depuis longtemps a partagé ta flamme :
Tes yeux avaient trop su le lire dans mon âme,
Quand, d'un père irrité déplorant les rigueurs,
Ma flamme en te quittant éclata par mes pleurs.
Ce père, enfin fléchi, souscrit à ma tendresse,
Tu lui prends son bonheur, il te rend ta maîtresse ;
Dans le plus abhorré de tous ses ennemis

Il me donne un époux, il ne veut voir qu'un fils,
Si, touché de ses maux, si, vaincu par mes larmes,
Des chrétiens loin de lui tu détournes les armes.
Ah! n'y résiste pas! Cher Conrad, souviens-toi
De ces jours où le sort me sépara de toi,
De nos tristes adieux que prolongaient nos larmes,
De notre désespoir, de nos tendres alarmes,
De ces garants sacrés par ta bouche attestés,
De tes serments surtout si souvent répétés.
Tu jurais qu'en dépit du ciel et de la terre
Tu viendrais m'arracher jusqu'aux bras de mon père;
Tu jurais de mourir ou de vivre pour moi.
Tes serments sont remplis : Zoraïde est à toi,
Tes bienfaits et l'amour sont le nœud qui l'enchaîne.
En quelque lieu du monde où son amant l'entraîne,
Soit qu'il vienne régner en ces heureux climats,
Soit qu'aux pôles glacés il conduise mes pas,
Zoraïde, à jamais te consacrant sa vie,
Partout où tu seras trouvera sa patrie !
Aux vertus de ton cœur formant bientôt le sien,
Ta loi sera ma loi, ton Dieu sera le mien !
Et, trahissant le dieu qu'encensa ma jeunesse,
Je deviendrai chrétienne à force de tendresse !
Réponds-moi... Quoi! ton front de nouveau s'obscurcit!
Tu te tais...

CONRAD, *après un moment de silence agité*.

Je succombe et demeure interdit.
Exiges-tu, grand Dieu ! cet affreux sacrifice ?
Et n'es-tu pas déjà content de mon supplice ?

ERNEST.

Fuyez, fuyez, Seigneur, ces détestables lieux
Et ne prolongez pas ces dangereux adieux.
Le Dieu que vous servez l'ordonne par ma bouche,
Sa force vous soutient...

ZORAÏDE.

Tais-toi, chrétien farouche!
Trop barbare ennemi, j'aurais vaincu sans toi!

CONRAD, *appuyé sur Ernest qui veut l'entraîner.*

Que tardons-nous? Fuyons!

SCÈNE III

ZORAIDE, CONRAD, ERNEST, OSMIN,
SÉLIM, SUITE

OSMIN, *entrant sur la scène.*

Dieu! qu'est-ce que je vois?
Dieu! j'écoutai trop tard mes secrètes alarmes:
Zoraïde à genoux et répandant des larmes!
Quoi! La fille d'Osmin a pu s'humilier,
Aux pieds de ces chrétiens, jusqu'à les supplier!
Quoi! mon sang devant eux s'abaisse à la prière!

Peux-tu donc à ce point déshonorer ton père,
Toi, ma fille, oh! jadis l'honneur de mes vieux jours!
Ces monstres à ta voix ont-ils pu rester sourds?
Est-il vrai?... Que veut dire un si morne silence?

(S'avançant vers Conrad)

Toi, dont ma fille ici désira la présence,
Toi que sans ses désirs je n'eusse jamais vu
Que du haut de nos murs où je t'ai combattu,
Parle enfin, éclaircis ce funeste mystère :
De l'âme d'un chrétien que faut-il que j'espère?
Quel parti choisis-tu? Viens-tu pour m'insulter,
Pour outrager ma fille ou pour la mériter?

CONRAD.

Je viens plaindre près d'elle un destin trop sévère
Qui me rend malgré moi l'ennemi de son père.
Mais, quel que soit le prix qu'elle puisse m'offrir,
S'il faut trahir mon Dieu, je ne puis l'obtenir.

OSMIN.

Et tu peux dans ces murs affronter ma vengeance?

CONRAD.

Je m'y crois sans péril quand j'y suis sans défense.

OSMIN.

Ainsi donc tu viendras jusque dans ce palais
Porter sur nos malheurs des regards satisfaits,
Et, flétrissant l'honneur de toute ma famille,

Par d'odieux mépris insulter à ma fille !
Tu viendras lâchement, dans son cœur abusé,
Retourner le poignard par tes mains aiguisé,
Jouir de sa douleur, t'abreuver de sa honte,
Et, bravant un courroux que ton audace affronte,
Tu croiras qu'on y doive impunément souffrir
Ce que ce bras vengeur eût déjà dû punir !
Non, je sais me venger partout où l'on m'offense.
J'ai promis en ces lieux de souffrir ta présence,
Mais je n'ai pas du moins promis d'y supporter
Les insolents défis dont tu viens m'insulter.

CONRAD.

Votre courroux, Seigneur, vous trouble et vous égare.
Je suis votre ennemi, mais non pas un barbare ;
Au malheur généreux je n'insultai jamais,
Et souffre le premier des maux que je vous fais.

(*Se tournant vers Zoraïde*)

Je n'ai pas dû d'Osmin attendre un tel langage ;
Mais mon cœur à vos maux pardonne un tel outrage.
J'aurais voulu, Seigneur, mourir en vous servant ;
Je vais mourir du moins, mais en vous combattant.
Adieu, Madame, adieu !...

(*Il veut sortir*)

OSMIN, *furieux*.

Non, non, cruel ! arrête,
Il y va de tes jours, il y va de ta tête !
De ces murs menacés tu ne sortiras pas.

CONRAD.

Et qui donc oserait y retenir mes pas ?

OSMIN.

Moi.

CONRAD.

Se peut-il, Seigneur ?

ERNEST.

O trahison !

OSMIN.

Perfide !
Tu ne pourras du moins...

CONRAD.

O crime ! ô Zoraïde !
Est-ce donc là la foi que j'attendais de vous ?

ZORAÏDE.

Mon père, écoutez-moi. Je tombe à vos genoux.
Reprenez vos esprits. O ciel ! Qu'allez-vous faire ?

OSMIN.

Je vais ou vous sauver ou venger votre père :
Le parjure à mon bras ne peut plus échapper
Qu'en détournant le coup dont il t'allait frapper.

ZORAÏDE.

Quoi ! vous pourriez, Seigneur, vous sauver par un crime ?

OSMIN.

Contre un tel ennemi tout devient légitime :
Je ne me pique pas du scrupule insensé
De garder une foi dont ils ont abusé ;
Et des brigands armés contre l'Asie entière
Sont étrangers chez nous aux saints droits de la guerre.
Nous attaquant sans droit, nous ne leur devons rien ;
Et l'on n'est point perfide en trompant un chrétien.

(S'avançant vers Conrad)

Orgueilleux ennemi dont la fière insolence
Te flattait de tenir Osmin en ta puissance,
Toi devant qui ma fille a pu s'humilier,
Cet Osmin outragé te fait son prisonnier.
Change, si tu veux vivre, un imprudent langage ;
Songe que dans ces murs tu n'es plus qu'un otage,
Que ton sort m'est garant du parti des chrétiens,
Et que tes jours ici me répondent des miens !

CONRAD.

Eh bien ! frappez, Seigneur ! frappe, sultan perfide !
La mort est un bienfait à qui perd Zoraïde.
Et celui que ses pleurs n'ont pas pu désarmer
Des menaces d'Osmin ne peut plus s'alarmer.
Que m'importe de perdre une odieuse vie
Que vous abrégez peu par votre perfidie !
J'aurais cherché moi-même, en m'offrant à vos coups,
Une mort aussi prompte et plus digne de vous.
Mais, puisque trahissant une foi qui vous gêne
Vous n'écoutez, Seigneur, que votre aveugle haine,

Puisque si lâchement vous souillez vos lauriers,
N'espérez pas du moins que mes lâches guerriers,
Pesant dans la balance un homme et la patrie,
Mettent un si grand prix à conserver ma vie :
Je ne suis que leur chef et qu'un soldat comme eux.
Mon salut ou ma mort ne sont rien à leurs yeux.
Le Dieu dont leurs exploits veulent venger la gloire
Leur ordonne à tout prix d'acheter la victoire,
Et leurs cœurs ne verront dans mon propre danger
Qu'un forfait à punir ou ma mort à venger !

(On entraine Conrad)

FIN DU DEUXIÈME ACTE

LES VISIONS

POÈME EN 48 CHANTS

(PLAN ET FRAGMENTS)

Lamartine a fait allusion plusieurs fois, dans ses ouvrages, à un grand poëme épique qu'il avait conçu dès sa jeunesse et dont il n'a exécuté que des parties. On connaissait imparfaitement ce qui en subsiste. Le lecteur trouvera ici le plan de l'ouvrage entier et un Épisode inédit de ce poëme des Visions, *Le Chevalier*. Il a semblé opportun d'en rapprocher l'*Invocation* qui fut en 1849 insérée dans les *Harmonies*, les fragments de la Première et de la seconde Vision, et le second Chant du *Chevalier*, publiés dans les *Nouvelles Confidences*.

L'introduction naturelle devait être le récit fait par le poëte, dans son *Cours de Littérature*, de la manière dont lui vint la pensée de cette Œuvre, qui devait embrasser, dans son vaste développement, l'histoire du monde et de l'humanité. La réunion de ces divers fragments, épars jusqu'ici, leur connexité saisissante, éclairent dans son ensemble la conception de cette immense épopée des *Visions*, dont la *Chute d'un Ange*, *Jocelyn*, et le poëme perdu des *Pêcheurs* n'étaient que des épisodes.

*
* *

Je *comprends d'autant mieux le plan de la* Divine Comédie *que moi-même, hélas! mille fois inférieur en conception, en éloquence et en poésie, au grand exilé de Florence, j'avais conçu, dès ma jeunesse, une épopée, le grand rêve de ma vie, la seule épopée qui me paraisse aujourd'hui réalisable, sur un plan à peu près analogue au plan de la* Divine Comédie.

Je m'étais dit: Qu'y a-t-il de plus intéressant aujourd'hui dans l'humanité? Sont-ce des batailles, des conquêtes, des élévations et des catastrophes d'empires? Non: le monde en a tant vu, et il connaît tellement les misérables ressorts par lesquels la fortune élève ou abaisse les conquérants d'ici-bas, qu'il ne s'étonne guère plus des vicissitudes des empires que de l'amoncellement et de l'écroulement d'une vague en écume sur le lit de l'Océan.

Mais ce qui intéresse véritablement l'homme, c'est l'homme; et dans l'homme, c'est la partie permanente de son être, c'est l'âme; et dans l'âme, c'est la destinée passée, présente, future, éternelle, de ce principe immatériel, intelligent, aimant, jouissant, souffrant, consciencieux, vertueux ou criminel, se punissant soi-même par ses vices, se récompensant soi-même par ses vertus, s'éloignant ou se rapprochant de Dieu selon qu'il vole en haut ou en bas dans la sphère infinie de sa carrière éternelle, jusqu'au jour où il s'unit enfin, par la foi croissante et par l'amour identifiant, à son Créateur, le souverain Être, la souveraine vérité, le souverain beau, le souverain bien.

Je me plais à me rappeler encore, en ce moment, le lieu, le jour, l'heure où je conçus soudainement, dans ma pensée, le plan de cette épopée de l'âme, de l'âme suivie par le poëte dans ses pérégrinations successives et infinies à travers les échelons des mondes et ses existences d'épreuves.

C'était en Italie, à la fin de ma jeunesse. Je venais de passer un hiver à Naples, dans de vagues souffrances de nerfs, qui sont la croissance de l'esprit et qui donnent à l'âme les mêmes angoisses que la croissance trop accélérée du corps donne aux sens. Une anxiété sourde et continue travaillait ma pensée; je n'étais bien à aucune place. Ce ciel serein, ce beau soleil, cette mer éblouissante, ces collines élyséennes, le bruit de vie et de joie perpétuelle de ce peuple d'enfants, d'amoureux, de musiciens, de poëtes, fourmillant sur les plages de cette côte, après m'avoir tant charmé autrefois, m'étaient devenus presque fastidieux alors. Il y avait je ne sais quel contraste blessant entre la sérénité épanouie de cette race et la mélancolie maladive de mon esprit. Ce grand jour m'aveuglait en m'éblouissant. Je regrettais les brumes d'automne et les ténèbres humides des forêts de mon pays. L'Écosse et Ossian me seyaient mieux que le Tasse et Sorrente. Je lisais alors précisément les documents les plus détaillés de la vie du Tasse; la lecture de ces documents, tout remplis de preuves de sa folie, obsédait mon imagination et m'imprimait je ne sais quelle terreur. J'avais cependant l'esprit aussi juste que le corps sain; mais j'étais malade d'un poème que je voulais enfanter, sans avoir eu encore la force de conception nécessaire à cet enfantement.

Pour me soulager de cette obsession d'un mal inconnu, et pour retremper mes nerfs irrités dans un air moins imprégné de sel et de soufre que l'air de la mer et du Vésuve, je cédai au conseil du vieux Cottonio, l'Esculape presque séculaire de Naples, et je partis pour Rome.

A peine eus-je dépassé Capoue, et franchi les premières collines des Abruzzes qui séparent l'atmosphère des montagnes de l'atmosphère de la mer, que je me sentis soudainement guéri, comme un homme asphyxié à qui une fenêtre ouverte vient de rendre l'air respirable. Le lendemain, après une nuit de sommeil passée dans la villa de Cicéron à Mola di Gaeta, je poursuivis délicieusement ma course vers Rome. Je couchai à Terracine, à l'issue des marais Pontins; puis je commençai à gravir les collines de Velletri, de Genzano et d'Albano, ces monts Pentélique et ces monts Hymette de la plaine de Rome, plus majestueux et plus gracieux que ceux d'Athènes.

J'étais monté sur le siège de ma calèche pour contempler de plus haut et de plus près une plus large part de ce magique horizon, délices de Cicéron, de Mécène, de Virgile et d'Horace; ils y ont incorporé leurs noms comme des illustrations éternelles de l'homme sur ces pages de la nature.

C'était le soir; le soleil, roulant autour de son disque rouge quelques brumes sanglantes comme les vapeurs de pourpre de ces champs de bataille évaporées dans ses rayons, se précipitait dans la mer étincelante. Les rides roses de cette mer ondulaient doucement dans le lointain comme une étoffe moirée qu'on déploie et qu'on replie pour en faire admirer les chatoiements. Les collines sur lesquelles serpentait la route étaient couvertes dans leurs vallées et sur leurs flancs de forêts d'amandiers en fleurs. Ces fleurs innombrables répandaient leurs teintes lactées et rosées sur toute la campagne; elles tombaient des branches à chaque légère bouffée du vent tiède de la mer; elles semaient d'un véritable tapis de couleurs riantes l'intervalle d'un arbre à l'autre; elles remplissaient l'air soulevé par la brise d'une nuée de papillons inanimés qui venaient tomber jusque sous les roues sur le chemin.

Au sommet de ces collines de vignes hautes et d'amandiers fleuris pyramidaient quelques métairies romaines à l'aspect sombre, caverneux, monumental; plus haut encore des pins parasols à larges cimes dentelaient l'horizon de leurs dômes noirs. Ces coupoles sombres contrastaient avec la riante lumière des vallées, comme les siècles immuables contrastent avec les printemps d'une heure qui fleurissent et qui s'effeuillent à leurs pieds!

Je me souviens aujourd'hui de tous les détails les plus fugitifs de ce beau coucher de soleil, au mois de mars, dans la campagne de Rome; je m'en souviens avec plus de présence des objets dans les yeux que je ne la ressentais même alors. Cette scène a dû m'impressionner cependant avec une certaine force, puisqu'elle se retrouve si complète et si vive après trente ans dans mon imagination; mais je ne la percevais que par mes sens et par le seul instinct, car mon esprit était absorbé par la contemplation intérieure d'une tout autre nature.

Il me sembla que le rideau du monde matériel et du monde moral venait de se déchirer tout à coup devant les yeux de mon intelligence; je sentis mon esprit faire une sorte d'explosion soudaine en moi et s'élever très haut dans un firmament moral, comme la vapeur d'un gaz plus léger que l'atmosphère, dont on vient de déboucher le vase de cristal, et qui s'élance avec une légère fumée dans l'éther. J'y planai, dans cet éther, pendant je ne sais combien de temps, avec les ailes libres de mon âme, sans avoir le sentiment du monde d'en bas qui m'environnait, mais que je ne voyais plus de si haut.

Les créations infinies et de dates immémoriales de Dieu dans les profondeurs sans mesure de ces espaces qu'il remplit de lui seul par ses œuvres ; les firmaments déroulés sous les firmaments ; les étoiles, soleils avancés d'autres cieux, dont on n'aperçoit que les bords, ces caps d'autres continents célestes, éclairés par des phares entrevus à des distances énormes ; cette poussière de globes lumineux ou crépusculaires où se reflétaient de l'un à l'autre les splendeurs empruntées à des soleils ; leurs évolutions dans des orbites tracées par le doigt divin ; leur apparition à l'œil de l'astronomie, comme si le ciel les avait enfantés pendant la nuit et comme s'il y avait aussi là-haut des fécondités de sexes entre les astres et des enfantements de mondes ; leur disparition après des siècles, comme si la mort atteignait également là-haut ; le vide que ces globes disparus comme une lettre de l'alphabet laissent dans la page des cieux ; la vie sous d'autres formes que celles qui nous sont connues, et avec d'autres organes que les nôtres, animant vraisemblablement ces géants de flamme ; l'intelligence et l'amour, apparemment proportionnés à leur masse et à leur importance dans l'espace, leur imprimant sans doute une destination morale en harmonie avec leur nature ; le monde intellectuel aussi intelligible à l'esprit que le monde de la matière est visible aux yeux ; la sainteté de cette âme, parcelle détachée de l'essence divine pour lui renvoyer l'admiration et l'amour de chaque atome créé ; la hiérarchie de ces âmes traversant des régions ténébreuses d'abord, puis les demi-jours, puis les splendeurs, puis les éblouissements des vérités, ces soleils de l'esprit ; ces âmes montant et descendant d'échelons en échelons sans base et sans fin, subissant avec mérite ou avec déchéance des milliers d'épreuves morales dans des pérégrinations de siècles et dans des transformations d'existences sans nombre, enfers, purgatoires, paradis symbolique de la Divine Comédie des terres et des cieux ;

Tout cela, dis-je, m'apparut, en une ou deux heures d'hallucination contemplative, avec autant de clarté et de palpabilité qu'il y en avait sur les échelons flamboyants de l'échelle de Jacob dans son rêve, ou qu'il y en eut pour le Dante au jour et à l'heure où, sur un sommet de l'Apennin, il écrivit le premier vers fameux de son œuvre :

Nel mezzo del cammin di nostra vita

et où son esprit entra dans la forêt obscure pour en ressortir par la porte lumineuse.

« C'en est fait ! » m'écriai-je en me réveillant, « j'ai « trouvé mon poème ! » Et ce n'était pas seulement mon poème que j'avais cru trouver ; c'était le jour ou plutôt le crépuscule de ce monde de vérités que la Providence fait flotter toujours à portée, mais toujours un peu au-dessus de notre intelligence, comme le père fait flotter le fruit au-dessus de la taille de son enfant pour lui faire lever ses petites mains jusqu'à l'arbre, et pour le faire grandir par l'effort jusqu'à la branche.

Création, théogonie, histoire, vie et mort, phases primitives, successives et définitives de l'esprit, destinée de tous les êtres animés, de l'âme humaine d'abord, puis de celle de l'insecte, puis de celle des soleils, puis de celle de ces myriades d'esprits invisibles, mais évidents, qui comblent le vide entre Dieu et le néant, qui pullulent dans ses rayons, et qui sont, je n'en doute pas, aussi divers et aussi multipliés que les atomes flottants qui nous apparaissent dans un rayonnement de soleil; je crus tout comprendre; et, en effet, je compris tout ce que Dieu permet de comprendre à l'une de ses plus infimes intelligences.

Et une grande joie, une joie que je n'avais jamais goûtée avant, que je n'ai jamais goûtée depuis, se répandit dans tout mon être. Je croyais m'être approché autant qu'il était en moi du foyer de la vérité; je n'en entrevoyais pas seulement la lueur, qui m'éblouissait, j'en sentais la chaleur, qui me descendait de l'esprit au cœur, du cœur aux sens; j'étais ivre d'intelligence, s'il est permis d'associer ces deux mots.

En un instant mon poëme épique fut conçu. Je me supposai assistant, comme un barde de Dieu, à la création des deux mondes matériel et moral. Je pris deux âmes émanées le même jour, comme deux lueurs, du même rayon de Dieu: l'une mâle, l'autre femelle, comme si la loi universelle de la génération par l'amour, cette tendance passionnée de la dualité à l'unité, était une loi des essences immatérielles, de même qu'elle est la loi des êtres matériels animés (et qui est-ce qui n'est pas animé dans ce qui vit pour se reproduire?). Je lançai ces deux âmes sœurs, mais devenues étrangères l'une à l'autre, dans la carrière de leur évolution à travers les modes de leur vie renouvelée. Je les suivis d'un regard surnaturel et éternel dans les principales transfigurations angéliques ou humaines qu'elles avaient à subir dans les mondes supérieurs et inférieurs, se rencontrant quelquefois, sans se reconnaître jamais complètement, de sphère en sphère, d'âge en âge, d'existence en existence, de vie en mort et de mort en renaissance, dans le ciel et sur la terre. Puis, après ces douze ou vingt transfigurations accomplies, qui tantôt les rapprochaient de Dieu par leurs vertus, tantôt les en éloignaient par leurs fautes, en même temps que ces vertus ou ces fautes les rapprochaient aussi ou les séparaient davantage l'une de l'autre, je les réunissais enfin dans l'unité de l'amour mutuel et de l'amour divin, à la source de vie, de sainteté et de félicité d'où tout émane et où tout remonte par sa gravitation naturelle vers le souverain bien et le souverain beau, l'Être parfait, l'Être des êtres, Dieu.

Chaque scène de ce drame sacré était empruntée à la terre ou aux autres planètes de l'espace, et les décorations poétiques changeaient ainsi, au gré du poète, comme l'époque, les événements, les personnages. Le poème s'ouvrait aux portes de l'Éden et se terminait à la fin de la terre par l'explosion du globe, rendant toutes ses âmes purifiées, divinisées par la miséricorde de Dieu, et lançant ses gerbes de feu dans le firmament comme les flammèches d'un bûcher qui se consume lui-même après l'holocauste accompli.

On comprend quelle richesse, et quelle variété, et quel pathétique, et quel mystère un pareil texte d'épopée fournissait au poète, s'il y avait eu un poète, ou si j'avais été moi-même ce poète digne de concevoir et de rendre en chants une pareille inspiration. Mais je n'étais qu'un *enfant essayant de souffler des étoiles au lieu de souffler ses bulles de savon. Mon poème, après que je l'eus contemplé quelques années, creva sur ma tête comme une de ces bulles de savon colorées, en ne me laissant que quelques gouttes d'eau sur les doigts, ou plutôt quelques gouttes d'encre, car* La Chute d'un ange, Jocelyn, le Poème des pêcheurs, *que j'ai perdu dans mes voyages, et quelques autres ébauches épiques que j'ai avancées, puis suspendues, sont de ces gouttes d'encre. Ces poèmes étaient autant de chants épars de mon épopée de l'âme. Je possédais dans ma pensée le fil conducteur à travers ces ébauches, et je comptais les relier à la fin les unes aux autres par cette unité des deux mêmes âmes, toujours égarées, toujours retrouvées, toujours suivies de l'œil et de l'intérêt, dans leur* Divine Comédie, *à travers la vie, la mort, jusqu'à l'éternelle vie!*

LES VISIONS

OU LES LOIS MORALES

PREMIÈRE VISION

PREMIER CHANT.

Invocation. — Tableau des derniers jours du monde. — La scène est à Rome.

DEUXIÈME CHANT.

Un jeune homme, Éloïm, resté seul être vivant dans les solitudes des Alpes, qui a été élevé par sa mère dans la religion chrétienne, traverse les déserts et arrive, pour chercher des hommes, à Rome. Guidé par l'esprit de Dieu, il traverse Rome, la voit avec horreur; poursuivi par les hommes, il se sauve du côté de Tibur, voit une caverne, y entre, y marche, trouve une porte : elle lui est ouverte par Énoch, seul homme éternellement vivant. Énoch l'accueille dans un Éden que Dieu lui a donné la faculté de créer autour de lui. Éloïm y trouve aussi une jeune vierge qui sert le Seigneur près du prophète.

TROISIÈME CHANT.

Énoch raconte à Éloïm qui il est et comment la jeune vierge est arrivée dans son jardin pour se sauver des cultes odieux des humains. Il apprend au jeune homme à prier, et lui montre le livre scellé de sept sceaux que l'Esprit lui a donné le don de comprendre. A peine Éloïm y a-t-il jeté les yeux que la mémoire des siècles écoulés se réveille en lui, et il se voit dans tous les temps. Il se reconnait sous diverses formes, noms et figures, et raconte ses destinées aux deux hôtes.

DEUXIÈME VISION

PREMIER CHANT.

Éloïm dit : « Avant d'ouvrir les lèvres, pardonnez-moi, mon Dieu! De quelle hauteur je suis descendu! Je ne suis pas un homme! » Surprise des hôtes. « Non, je fus créé un ange. J'étais un de ces esprits intermédiaires qui voient Dieu et les choses terrestres ; j'assistai à la création de votre univers. Quand l'homme eut été banni de la région fortunée qu'il habitait, je continuai à venir, chargé de célestes messages, visiter la terre et ses habitants. L'homme n'était pas alors ce qu'il devint, de plus sa faute n'avait pas terni sa divinité : il était plus grand, plus éclatant, plus beau. Je connus dans un des vallons de l'heureuse Arabie une jeune vierge. Son nom était Adha. Je lui apparaissais dans ses songes. Je les lui formais moi-même. Je murmurais à son oreille des chants amoureux et célestes. Je la dégoûtais des hommages des hommes par des tableaux des amours immortelles.

DEUXIÈME CHANT.

« Je l'enlevais sur mes ailes. Je la portais sur les nuages au-dessus des mers, dans les grottes où l'aigle seul parvient. Elle m'aima ; mais une loi de Dieu défendait aux esprits d'aimer au-dessous d'eux. Cependant mon délire croissait avec ses années, et, ne pouvant lui donner l'immortalité, un jour, par un instant fatal ou heureux, je formai dans mon cœur le vœu rapide de devenir mortel comme elle pour la posséder. A peine le vœu fut-il formé que mes ailes tombèrent ; l'apparence aérienne de mon corps se changea en matière. Je devins semblable à un homme, et j'entendis la voix d'en haut qui me dit :

« Sois homme, mais homme immortel, ou plutôt
« renaissant sans cesse et subissant les diverses desti-
« nées de l'homme, jusqu'à ce que par ta propre
« force, tes vertus et tes épreuves, tu aies reconquis
« ta destinée première. Alors tu mourras pour la der-
« nière fois, et, si tu es jugé pur, tu redeviendras
« ange et posséderas Dieu et ses œuvres, sinon tu
« subiras la condamnation de l'homme réprouvé. La

« vie du Sauveur ne comptera pas pour toi. Il ne
« descendra que pour l'homme. Tu feras toi-même ton
« sort. » — Elle dit, et je perdis la mémoire. Je me
réveillai au milieu des scènes de la vie.

TROISIÈME CHANT.

« Cependant les iniquités de l'homme avaient
déjà comblé les abimes de la miséricorde céleste. »
— Description des vices et de l'état de l'homme à
cette époque : toute la nature agrandie et plus
forte, le ciel sans nuage, les astres plus purs, le
jour plus éclatant, la nuit comme un jour adouci,
l'humidité de l'air inconnue, etc., etc. « Je vivais
dans les premiers délices d'un amour mutuel. » —
Description de la vie de l'homme avant le déluge :
fertilité de la terre, fécondité des mers, animaux
inconnus qui servaient l'homme, ville que les deux
époux visitent, prophétie de Noé méconnue, signe
du ciel.

QUATRIÈME CHANT.

Le déluge universel. Éloïm y assiste au sommet
du Liban où il s'est réfugié avec une partie des
hommes. — Description. — Il périt avec Adha et
ses enfants.

TROISIÈME VISION

PREMIER CHANT.

Les patriarches. (Prendre dans l'Écriture sainte

une des histoires touchantes et gracieuses de Laban, Lia, Rachel, et l'adapter à ce sujet.)

(*Deux ou trois chants.*)

QUATRIÈME VISION

PREMIER CHANT.

Pendant qu'Éloïm contait ses destinées, le prophète demeurait impassible comme un visage de pierre, nulle sympathie ne se montrait dans ses traits ; mais la jeune vierge réfléchissait dans ses yeux toute l'histoire d'Éloïm. Celui-ci la regardait avec ce regard dont l'homme qui vient de s'éveiller suit un songe qui s'évapore, qu'il voudrait rappeler et fixer. Il lui semblait que cette figure avait déjà autrefois frappé ses regards, et son cœur sentait vers elle un attrait involontaire qu'il ne cherchait pas à combattre. Quand le jour renaissait sur la vallée et que le prophète, absorbé dans ses méditations célestes, étudiait la nature dans ses œuvres ou chantait des hymnes nouveaux au Créateur, les jeunes hôtes s'égaraient ensemble sous les ombrages délicieux, au bord du lac, etc., comme un frère et une sœur, qui ont perdu leur père, s'aiment davantage, etc. Le soir, aux clartés des fruits du pin enflammé et odorant, Éloïm reprenait son récit. Mais, pendant que ces scènes se passaient dans l'asile d'Énoch, les horribles scènes de la fin des temps se pressaient dans Rome.

DEUXIÈME CHANT.

Élie descend du ciel sur son char de feu. Il retrouve Énoch. Leur conversation. Élie vient prophétiser pour la dernière fois aux hommes. Il passe un jour dans le jardin et s'éloigne. Il raconte aux trois justes le ciel, l'enfer et le purgatoire, qu'il a été visiter pendant ses longues années. Il revient pour mourir.

CINQUIÈME VISION

Socrate ou Pythagore. Philosophie humaine.

(Deux ou trois chants.)

SIXIÈME VISION

LA RÉDEMPTION

PREMIER CHANT.

Éloïm est un des disciples du Sauveur des hommes. D'abord il assiste à sa naissance merveilleuse. Il était un des bergers qui virent son étoile. Il le suit des yeux dans sa jeunesse. Il le voit parmi les docteurs à douze ans dans le temple. Scène du temple. Description de la beauté du Sauveur des hommes. Questions et réponses. Sagesse nouvelle qui se révèle aux hommes. Jour qui frappe Éloïm.

DEUXIÈME CHANT.

Éloïm devient un disciple. Sermon sur la montagne. Merveilles. Passion. Résurrection. Dispersion des disciples. Éloïm est martyr avec celle qu'il aime. Mais il est encore rejeté, pour n'avoir pas profité comme ange des mérites divins appliqués aux hommes seuls, et avoir eu encore des affections humaines.

SEPTIÈME VISION

La Thébaïde. Récit d'une de ces vies merveilleuses des Pères du désert. L'orgueil le perd, et l'inutilité de sa vie aux hommes.

(Deux chants.)

HUITIÈME VISION

LES CHEVALIERS

Épisode commencé dans ce volume. Récit d'une croisade, etc., etc. Les deux ermitages d'Éloïm et de Tristan. Leur mort.

(Quatre chants.)

NEUVIÈME VISION

LA VENDÉE

ÉPISODE DE LA RÉVOLUTION FRANÇAISE

Récit placé dans l'avenir. La scène est à la fin des temps, lorsque le perfectionnement matériel de l'homme est parvenu au comble et que les disputes et les doctrines ont effacé les traces de toute vérité. Éloïm est un des derniers défenseurs de la foi, un chef d'une contrée fidèle aux traditions antiques, qui refuse de se rendre aux nouvelles doctrines. Il se lève avec tout son peuple, soutient la guerre homme à homme. Aventures avec la fille d'un des chefs ennemis qui l'aime, qui fut enlevée par lui et qu'il rendra à son père. Elle se tue. Éloïm, désespéré, se fait tuer volontairement sur les canons ennemis.

(Trois chants)

DIXIÈME VISION

PREMIER CHANT.

Fin des récits. Amours d'Éloïm et de Léna. Ils se reconnaissent pour les mêmes amants qu'ils furent la première fois. Léna lui rappelle Adha. Il rend grâce au ciel de ce que ses épreuves sont finies. Adha lui dit qu'elle a eu une vision céleste dans laquelle on lui a prédit que, si elle se donnait à l'homme innocent, elle serait l'Ève de la seconde terre régénérée. Elle entraîne Éloïm parmi les hommes où la même prédiction a été répandue.

DEUXIÈME CHANT.

Éloïm est fait roi par les Justes. L'Antechrist règne sur les autres. Ceux-ci cherchent à se saisir d'Éloïm comme du plus innocent pour le faire pécher ou l'offrir au Mal en sacrifice. Éloïm se livre volontairement à eux. Mais Adha, qui est fille de l'Antechrist, vient dans sa prison le délivrer et lui offrir le bonheur et la vie.

TROISIÈME CHANT.

Scènes de l'Apocalypse. Les hommes justes reviennent à Éloïm qui s'est échappé pendant un tremblement de terre. Ils s'en vont tous en Palestine, sur le tombeau sacré, espérant là trouver un asile contre la terre. Ils traversent le lit desséché de la Méditerranée. Description du lit des mers et de ce qu'ils y voient.

QUATRIÈME CHANT.

Ils sont poursuivis par les hommes pervers, et toute la population de la terre, réduite à quelques hommes, se retrouve à Jérusalem, rassemblée. Les méchants, au milieu du désordre de la nature, veulent brûler et anéantir les lieux saints. Éloïm les défendra. Adha combat contre lui.

CINQUIÈME CHANT.

Dernière bataille pendant laquelle les derniers phénomènes se déclarent. Éloïm meurt l'avant-dernier. Adha le voit mourir et lui propose encore la vie dans un philtre qu'elle possède. Il refuse en ce moment; elle sourit amèrement et meurt à ses côtés. Mais elle lui dit qu'elle n'a point d'âme, qu'elle n'est qu'une apparence séductrice qui a emprunté pour le perdre la forme primitive de son Adha. Il meurt. Le chaos.

SIXIÈME CHANT.

RÉSURRECTION ET JUGEMENT

Éloïm voit juger tous les hommes dans la vallée. Il cherche Adha parmi les âmes. Elle se réveille à sa seule voix. Ils sont jugés et glorifiés. L'éternité commence.

INVOCATION

Au nom sacré du Père, et du Fils, son image,
Descends, Esprit des deux, Esprit qui d'âge en âge,
Des harpes de Jessé chérissant les concerts,
Par la voix de la lyre instruisis l'univers !
Soit que, te balançant sur l'aile des tempêtes,
Tu lances tes éclairs dans les yeux des prophètes ;
Soit qu'aux bords du Jourdain, à l'ombre du palmier,
Tu viennes sous les traits du tranquille ramier,
Te posant sur le pied des lyres immortelles,
A leur souffle sacré laisser frémir tes ailes ;
Soit qu'en langues de feu, dans les airs suspendu,
Sur le front de l'apôtre en secret descendu,

Tu perces tout à coup, comme un jour sans aurore,
De tes rayons divins son cœur qui doute encore.
Descends, je dois chanter ! Mais que puis-je sans toi,
O langue des esprits ? Parle toi-même en moi !
Chante ces grands secrets que ton œil seul éclaire,
L'enfance, la vieillesse et la fin de la terre,
Et les destins de l'âme, et cet arrêt fatal
Qui va finir la lutte et du bien et du mal !
Qu'importe à tes regards la distance ou l'espace ?
Au signe de tes yeux le temps naît ou s'efface,
Et l'avenir tremblant, à ta voix enfanté,
Passe derrière toi comme un siècle compté.
Je tremble en commençant que ma bouche profane,
De ton divin délire indigne ou faible organe,
N'altère en les rendant tes célestes accords.
J'ai préparé pourtant et mon âme et mon corps ;
Et, pour orner l'asile où tu devais descendre,
J'ai jeûné, j'ai prié, j'ai veillé sous la cendre.
Tant que les songes faux par ton souffle écartés
Ont bercé ma jeunesse au sein des vanités,
Et qu'encore amoureux d'une molle harmonie,
Par l'ombre du péché mon âme fut ternie,
Attendant dans l'effroi l'heure de ton retour,
Désirant et tremblant de voir naître ce jour,
Tout plein du grand objet que ta grâce m'inspire,
De peur de la souiller j'ai respecté ma lyre.
Mais maintenant qu'assis au milieu de mes jours
J'en vois une moitié s'éclipser pour toujours,
Et l'autre, se hâtant sous le temps qui la presse,
De ses derniers festons dépouiller ma jeunesse,

Il est temps! hâtons-nous de ravir à la mort
Ce chant mystérieux qui sur ma harpe dort!
Que ce feu dont la flamme éclaire et purifie,
Ce charbon qui brûla les lèvres d'Isaïe,
D'une bouche mortelle épure les accents,
Et que mes chants vers Dieu montent comme l'encens!

Montculot. 25 décembre 1823.

PREMIÈRE VISION

Et l'Esprit m'emporta sur le déclin des âges :
« Quel est cet astre obscur qui, du sein des nuages,
Laissant glisser un jour plus morne que la nuit,
Écarte à peine l'ombre où sa main me conduit ?
— C'est le soleil, mon fils, ce roi brillant des sphères !
— Quoi ! c'est là le soleil qu'ont adoré nos pères ?
C'est là ce dieu du jour qui, du sommet des cieux,
D'un seul de ses rayons éblouissait nos yeux ;
Qui, le front rayonnant de jeunesse et d'audace,
Et des portes du jour s'élançant dans l'espace,

De son premier regard éclipsait dans les airs
Ses rivaux pâlissants du feu de ses éclairs,
De la terre éblouie illuminait les cimes,
Comme un torrent de flamme inondait ses abîmes,
Faisait monter l'encens, faisait naître les fleurs,
Jetait sur l'Océan ses flottantes lueurs,
Et, mêlant sa lumière aux vagues de ses plages,
D'une brillante écume éclairait les rivages?
Se peut-il qu'à ce point cet astre ait défailli?
Depuis quand? Par quel sort? — Mon fils, il a vieilli.
Tout vieillit dans le ciel ainsi que sur la terre;
Ce grand foyer des jours depuis longtemps s'altère.
Faible et d'un pas tardif se traînant dans son cours,
Il ne dispense plus les saisons ni les jours
Comme aux temps fortunés où le regard du sage
Par les signes du ciel prédisait son passage,
Et, soumettant sa marche à son hardi compas,
Marquait l'heure aux humains par l'ombre de ses pas;
Il ne mesure plus ni les mois, ni les heures;
Mais, parmi les débris de ses douze demeures,
Égarant au hasard son cours capricieux,
D'un pas irrégulier serpentant dans les cieux,
Tantôt dardant ses feux pendant des jours sans nombre,
Il refuse aux vallons le doux abri de l'ombre,
Brûle une terre aride et, dévorant les eaux,
Dans ses flancs altérés fait tarir les ruisseaux;
Tantôt se dérobant sous des ombres funèbres,
Il livre la nature à de longues ténèbres;
Et l'homme épouvanté, d'un regard incertain,
Attend en vain l'aurore aux portes du matin !

— Et la terre ? lui dis-je en voilant mon visage.
— Viens et vois ! » dit l'Esprit. Soudain, comme un orage,
De la cime des monts fondant sur les guérets,
Emporte en tournoyant la feuille des forêts,
La promène en son vol du couchant à l'aurore,
La quitte, la reprend et la rejette encore,
Ainsi, planant de loin sur la terre et les mers,
Son souffle impétueux m'emporte dans les airs,
Et mon œil, du soleil suivant la route oblique,
Traverse à l'équateur les flots de l'Atlantique,
Vole d'un pôle au pôle, et s'abat tour à tour
Aux bords où naît l'aurore, où va mourir le jour.

« Quelle est vers l'Occident cette immense contrée
Par l'abîme des eaux du monde séparée,
Et qui, d'un pôle à l'autre étendant ses déserts,
Presse autour de ses flancs la ceinture des mers ?
Sur les routes de l'onde autour d'elle semées,
Cent îles reposant sur des vagues calmées,
Ainsi que des vaisseaux qui flottent vers des ports,
Semblent avec amour s'approcher de ses bords.
Jeune et dernier enfant qu'ait porté la nature,
Ses monts ont conservé leur verte chevelure ;
Ses fleuves, ombragés du dôme de ses bois,
Élèvent jusqu'à nous leurs mugissantes voix.
Sans doute qu'en ces lieux choisissant leurs asiles,
Les enfants de l'Europe ont élevé leurs villes,
Donné des noms chéris à ces nouveaux remparts,
Et transporté leurs dieux, leur empire et leurs arts ?
— Insensé ! dit l'Esprit : c'est la terre féconde,

Où l'aquilon poussa les vaisseaux du vieux monde,
Quand déjà ses enfants, rebut des nations,
Emportaient avec eux des malédictions.
En vain il aborda dans ces champs de délices,
L'homme dégénéré n'y sema que ses vices.
La licence, l'erreur, les peuples et les rois,
De ce monde naissant corrompirent les lois ;
Et, souillé sur ces bords par le sang des victimes,
L'arbre heureux de la foi n'y porta que des crimes.
En vain, dans ses forêts, des peuples transplantés
Y fondèrent des lois, des trônes, des cités :
Ces empires d'un jour l'un l'autre se chassèrent ;
Les générations comme l'ombre y passèrent.
Tel qu'un fruit corrompu qui tombe avant le temps,
La terre y secoua ses rares habitants ;
L'Océan engloutit ces races criminelles ;
Leurs projets insensés périrent avec elles,
Et, confiant aux vents la garde de ces mers,
Le silence éternel rentra dans ces déserts !
Fière et libre à présent du vil poids qui l'oppresse,
La nature y triomphe en sa mâle jeunesse ;
Le cèdre monte en paix sur les vallons flétris,
L'Océan de ses ports y ronge les débris,
Et la terre, du moins dans son luxe sauvage,
Au Dieu qui la créa rend un plus digne hommage ! »

Il dit, et sur les flots de nouveau s'élança
Jusqu'aux sommets de l'Inde, où son vol s'abaissa
Sur l'antique Immaüs, dont le front large et sombre
Couvrait aux anciens jours des peuples de son ombre,

Et versait à ses pieds de ses rameaux divers
Sept fleuves dont les flots allaient grossir trois mers.
De là, mon œil, suivant leur onduleuse pente,
Sur les champs de l'Asie avec leurs flots serpente,
Cherche Tyr ou Memphis, ou le tombeau d'Hector,
Salue avec des pleurs l'olivier du Thabor,
Redemande au désert les traces de Palmyre,
Ces jardins suspendus que Babylone admire,
Revoit Jérusalem, ses cyprès, son Jourdain,
Et cette tombe où dort l'espoir du genre humain!
Le silence et le deuil régnaient sur ces collines,
Les fleuves serpentaient à travers des ruines,
Le sable du désert, volant en tourbillons,
Traçait au gré des vents ses livides sillons,
Des peuples disparus effaçait les ouvrages :
Seule, élevant sa tête au-dessus des nuages,
La pyramide assise au milieu de ce deuil,
Des enfants de Memnon magnifique cercueil,
Brise comme un écueil le sable qu'elle arrête,
Et sur les flots mouvants qu'agite la tempête,
Seul et dernier témoin d'un peuple anéanti,
Flottait comme le mât d'un navire englouti!

Voilà ces monts glacés d'où descendait l'aurore;
De son pâle reflet l'astre les frappe encore;
Mais leurs fronts, dépouillés par l'aile des autans,
Semblent s'être abaissés sous le fardeau du temps!
Ici teignant leurs pieds d'une écume azurée,
Le Rhône en bouillonnaut sillonne la contrée
Où, s'avançant vers lui par d'obliques détours,

La Saône en serpentant fait douter de son cours,
Se rapproche, s'éloigne et revient avec grâce
S'unir en murmurant au fleuve qui l'embrasse.
En remontant le cours de ces tranquilles eaux,
Je vois à l'Occident onduler ces coteaux,
Dont les sommets, pareils aux vagues écoulées,
Semblent en se courbant fondre sur les vallées.
C'est là que je naquis ; voilà l'humble séjour
Où mon regard s'ouvrit à la beauté du jour.
Sur le flanc décharné de cette humble colline,
Le lierre embrasse encore une antique ruine.
C'était... pardonne aux pleurs qui tombent de mes yeux,
C'est un dernier débris du toit de mes aïeux !

De là, longeant les bords de la mer de Tyrrhène,
Il s'abat comme un aigle au sommet de Pyrrhène,
Me montre avec horreur aux rives des deux mers
L'Ibérie étalant ses monuments déserts.
L'Alhambra, fier encor de ses splendeurs antiques,
Prolongeait sous mes pieds ses élégants portiques,
Où l'Arabe, accouplant les gracieux arceaux,
A façonné le marbre en flexibles berceaux.
« Deux peuples ont bâti ces murs que tu contemples ;
L'Arabe et le chrétien ont prié sous ces temples ;
Les pierres sont debout : les peuples ont passé ! »
Il dit, et franchissant Pyrrhène au front glacé,
D'un vol irrégulier serpentant dans la plaine,
Le souffle impétueux m'emportait vers la Seine.
Mais, quand du haut des airs mes regards effrayés
Reconnurent ces bords qui fuyaient sous mes pieds :

« Que de ton vol ardent la course se modère,
Lui dis-je, et de plus près rasons ici la terre !
Laisse-moi rechercher dans ces vallons flétris
Des lieux où j'ai passé les vestiges chéris :
C'est ici que d'ombrage et de fleurs embellie,
La terre m'apparut, au matin de ma vie,
Comme un lieu permanent où l'homme avant le soir
Pouvait sur de longs jours fonder un long espoir !
C'est ici que, plus tard, dans l'été de mon âge,
Trouvant un port tranquille après un long orage,
Dans le sein de l'amour entraîné par l'hymen,
Et cultivant les fruits de mon champêtre Éden,
Dans le calme des nuits recueillant mon délire,
Au Dieu qui l'inspirait je consacrais ma lyre.
Là je voyais jouer sur le gazon des prés
De nos chastes amours les présents adorés ;
Là je plantais pour eux le chêne au large ombrage,
Dont le dôme éternel, élargi d'âge en âge,
Devait, prêtant son ombre aux fêtes du vallon,
Porter de fils en fils mes bienfaits et mon nom !
Là je semais l'épi ; là je creusais la rive
Où mes soins enchaînaient une onde fugitive.
Le temple du Seigneur s'élevait sur ces bords ;
Là veillait le pasteur sur la cendre des morts ;
Là dormaient mes aïeux ; là, l'humble croix de pierre
De son ombre immobile a couvert leur poussière.
Ses débris mutilés couvrent encor leurs os.
Mânes ! goûtez en paix ce reste de repos !
Bientôt... » Mais, m'arrachant des lieux de ma naissance,
L'Esprit impatient me gourmande et s'élance,

Et vers les champs déserts de l'antique Paris
Me jette épouvanté sur d'immenses débris.

C'était l'heure où jadis, au réveil de l'aurore,
Les rayons précurseurs du jour qui vient d'éclore,
Teignant les dômes saints de douteuses clartés,
Un bruit immense et sourd s'élevait des cités.
Comme on dit qu'à l'aspect de la céleste flamme
Le marbre de Memnon résonne et prend une âme,
L'airain, retentissant au sommet de ses tours,
Des fidèles au temple appelait le concours ;
Le prêtre, accompagné des célestes cantiques,
Guidait la foule errante autour des saints portiques.
Le clairon belliqueux résonnait : à sa voix,
Les guerriers qui veillaient aux barrières des rois,
Ceignant des feux du jour leur cuirasse frappée,
Comme un rempart d'acier s'alignaient sous l'épée.
La chute du marteau, le roulement des chars,
De leurs bruits discordants ébranlaient les remparts ;
Les bornes des palais laissaient tomber leur chaîne,
Les gonds d'airain criaient sous les portes de chêne ;
Et, comme un fleuve immense et grossi dans son cours,
La foule s'écoulait pour le travail des jours.

« Mesure, dit l'Esprit, les vanités du monde ! »
Il dit. Je ne vis plus qu'une forêt profonde,
Qui, d'un fleuve fangeux couvrant les bords obscurs,
Croissait languissamment sur le bord de ses murs ;
Le flot, triste et dormant sous son arche écroulée,
D'un murmure plaintif remplissait la vallée

Où la Seine, jadis reine de ces beaux lieux,
Roulait avec amour dans son sein orgueilleux
Les ombres des palais qui couronnaient les rives,
Et, sous des ponts d'airain pressant ses eaux captives,
Se hâtait d'embrasser dans ses mille replis
Ces murs par qui ses flots se sentaient ennoblis !
Mais, recherchant en vain quelque ombre de sa gloire,
Ces lieux avaient perdu jusques à sa mémoire,
Et son cours égaré de déserts en déserts
Traînait des flots sans nom vers la pente des mers.
Seulement sur ses bords, de distance en distance,
Monuments de sa gloire et de sa décadence,
Un portique, un débris s'élevant sur les bois,
Semblaient par leur aspect lui parler d'autrefois ;
Et du sommet miné d'une arche triomphale,
Sous le vol des oiseaux roulant par intervalle,
La pierre, d'un bruit sourd éveillant les échos,
Traçait, en s'abîmant, un cercle dans ses flots.

Je suivais à pas lents ses détours dans la plaine,
Écartant d'une main les jets pliants du chêne ;
De l'autre j'arrachais des débris effacés
De la ronce aux cent bras les fils entrelacés ;
Je cherchais à fixer les lettres et les nombres,
Comme on cherche la vie, hélas ! parmi des ombres.
Là, le Louvre abaissant ses superbes créneaux
Cachait ses fondements parmi d'humbles roseaux,
Sur les tronçons brisés de ses larges arcades
Le lierre encor traçait de vertes colonnades,
Et, croissant au hasard sur des chiffres chéris,

Le lis pétrifié s'ouvrait sur ces débris.
Là, d'un temple détruit couronnant les portiques,
Deux tours penchaient encor leurs fronts mélancoliques,
Mais, suspendant leurs nids aux voûtes du saint lieu,
Les oiseaux chantaient seuls dans la maison de Dieu.
Ici croissait l'ortie ; ici la giroflée
Penchait sur les débris sa corolle effeuillée ;
Là le buis éternel de ses sombres rameaux
Nouait comme un serpent le marbre des tombeaux
Là, sous le vert cyprès dormait, couché dans l'herbe,
Le buste mutilé d'un conquérant superbe,
Ou les marbres épars de tous ces dieux mortels
Dont la Grèce crédule éleva les autels,
Et qui, fuyant ici des bords de l'Ionie,
Y recevaient encor le culte du génie !
Plus loin, d'un front sublime allant toucher les cieux,
D'un règne passager monument orgueilleux,
La colonne d'airain, plus forte que les âges,
Autour de son sommet voit gronder les orages,
Et sur ses larges flancs porte en lettres de fer
Des exploits que la rouille est prête d'étouffer.
Sans doute ici d'un roi s'élançait la statue ;
Mais l'autel est debout, l'idole est abattue ;
Sur son faîte isolé, roi des champs d'alentour,
Un aigle solitaire a choisi son séjour :
Il y plane, il s'y pose, et, sous sa large serre
Embrassant ce débris des foudres de la guerre,
Sur ce sanglant trophée où son aire est assis
Semble se souvenir d'avoir régné jadis !

Quoi ! d'un peuple éternel voilà donc ce qui reste !,
Voilà sa trace ; à peine un débris nous l'atteste,
C'est d'ici que, régnant sur l'Occident soumis,
Ce peuple, qu'adoraient même ses ennemis,
Vit pendant deux mille ans les arts ou la victoire
Étendre tour à tour son empire ou sa gloire !
Là régnèrent ces rois redoutés ou chéris,
Ces Louis, ces François, ces Charles, ces Henris,
Dont la main, tour à tour imposante ou facile,
Sut modérer le frein de ce peuple indocile ;
Princes qui, par la guerre ou les arts couronnés,
Imposèrent leurs noms aux siècles étonnés !
Là, ces prêtres sortis des sacrés tabernacles
Dont l'Église agitée implorait les oracles,
Ébranlant les palais des foudres de leur voix,
Tonnaient au nom du ciel sur les crimes des rois !
Là, ces preux, appuyés sur leur vaillante épée,
Partant pour conquérir une tombe usurpée,
Ne demandaient pour prix de leurs nobles combats
Qu'un signe de salut qui bénit leur trépas,
Ou qui n'en rapportaient, dépouille auguste et sainte,
Que du sang du Sauveur un peu de terre empreinte !
Là, ces chantres fameux dont les divins accords
Attiraient les enfants des peuples vers ces bords,
Et sur le monde épris de leur mâle harmonie
Faisaient parler leur langue et régner leur génie !
Là, ces tribuns, l'amour, l'horreur des nations,
Soufflant contre les lois le feu des factions,
Soulevés, déchirés par des mains forcenées,
Subissaient les fureurs qu'ils avaient déchaînées !

Là, ce nouveau César, dont la terrible main,
Sur son siècle indompté jetant un joug d'airain,
Comme un subit éclair sort du choc des nuages,
S'élançait triomphant du sein de ces orages,
Du fer qu'elle a forgé frappait la liberté ;
Puis, tombant sans empire et sans postérité,
Semblable au feu du ciel qui dévore et qui passe,
Ne laissait qu'un trophée et du bruit sur sa trace !

Et maintenant, couverts des ténèbres du temps,
Ces lieux sans souvenirs, sans voix, sans habitants,
Ont oublié les pas et les œuvres de l'homme
Et n'entendent pas même une voix qui les nomme !
J'allais pleurer sur eux, mais l'Esprit : « Que fais-tu ?
Ménage, me dit-il, ta force et ta vertu ;
Va ! dans ces jours d'épreuve, et de deuil et d'alarmes,
Pleure sur les vivants, s'il te reste des larmes ! »
Il dit, et vers le nord m'emportant dans les airs,
Il me montra de loin un rocher sur les mers.
« Voilà cette Albion, cette reine des ondes,
Dont les vaisseaux légers, messagers des deux mondes,
Ouvrant leur aile immense aux fougueux aquilons,
Se jouaient sur les eaux comme des alcyons !
Ses fils régnaient partout où règnent les tempêtes ;
Ses filles de l'Europe embellissaient les fêtes,
Respiraient l'innocence, et dans leurs chastes yeux
Réfléchissaient l'azur de la mer et des cieux,
Et, dénouant aux vents leurs chevelures blondes,
Aimaient à soupirer au murmure des ondes.
Hélas ! elle a péri comme Tyr et Sidon,

Et les flots qu'elle brise ont oublié son nom ! »
Il disait, et déjà sur les rives profondes
Où du sang des humains le Rhin teignait ses ondes,
Il reprenait sa course, et du sommet des airs
Me montrait vers le nord ces empires déserts
Qui, sous des cieux glacés où languit la nature,
Formaient autour du pôle une étroite ceinture.
Bords affreux qu'aux rigueurs d'un éternel hiver
L'homme osa conquérir et ne put conserver !
Leur faux éclat ne fut qu'un brillant météore,
Pareil aux feux trompeurs de cette fausse aurore
Qui, de leur longue nuit perçant l'obscurité,
Teint leur sombre horizon d'un moment de clarté !
Puis, franchissant les monts de la verte Helvétie,
Il rase, en serpentant, les plaines d'Italie,
Traverse l'Apennin, voit l'Arno dans son cours
De ses bords dépeuplés embrasser les contours,
Comme un cygne des lacs que le printemps ramène
Voit son aile briller dans l'eau du Trasimène,
Me montre, en souriant, à l'horizon lointain
Le Soracte éclairé des rayons du matin,
Longe les verts coteaux de la fraîche Sabine,
Vers la rive des mers d'un vol pressé décline,
Voit des déserts semés de superbes débris,
Traverse un fleuve étroit aux flots presque taris,
Et s'abattant enfin sur les remparts de Rome :
« Voilà, s'écria-t-il, le dernier sort de l'homme !
C'est ici que fuyant la mort de toutes parts,
De mille nations quelques restes épars,
Par le souffle de Dieu balayés sur ces rives,

Cachent dans ces débris leurs tribus fugitives,
Soit que du sang sacré ces bords encor fumants
Résistent plus longtemps aux chocs des éléments,
Soit que l'esprit fatal dont le monde est l'empire
Ne les ait réunis que pour mieux les séduire!
Tous les enfants d'Adam rassemblés dans ce lieu
Attendent dans l'effroi le jour, le jour de Dieu!
Tu l'as voulu, mon fils! tu le verras, mais pleure! »
Il dit, reprend son vol, s'éloigne, et je demeure
Seul, invisible, errant comme une ombre sans corps,
Qui, s'échappant la nuit de la foule des morts,
Revient aux lieux chéris où l'instinct la rappelle
Chercher s'il est un cœur qui se souvienne d'elle,
Sur celui qu'elle aimait jette un œil éperdu,
Et désire de voir, et tremble d'avoir vu.
Ainsi de Romulus parcourant les collines,
Je cherchais les vivants cachés dans leurs ruines;
Je suivais, je comptais les rares habitants,
Seuls débris échappés au naufrage du temps;
Invisible témoin de leur funèbre drame,
J'entendais leurs discours, je lisais dans leur âme,
Et frissonnant comme eux de tristesse et d'effroi,
Je m'écriais en vain : « Esprit, emportez-moi! »

Hélas! mes yeux à peine avaient reconnu Rome:
Cet asile des dieux, ce chef-d'œuvre de l'homme,
N'étalait plus alors dans ses vastes remparts
Ces temples, ces palais des dieux et des Césars;
Les mortels abrités sous ces débris antiques
N'élevaient plus au ciel de somptueux portiques;

Attendant tous les jours le dernier de leurs jours,
Ils n'embellissaient plus leurs précaires séjours ;
Le soc ne fendait plus leurs tristes héritages.
Qu'importaient de leurs champs les fruits ou les ombrages
A ces êtres déchus, dont l'espoir incertain
Ne s'étendait, hélas ! qu'à peine au lendemain ?
Ni les lois, ni les mœurs, ni la crainte des peines,
De la société ne gouvernaient les rênes ;
La liberté sans frein et la force sans droits
Remplaçaient dans ces murs peuples, tribuns et rois ;
Chaque jour, chaque instant voyait un nouveau maître
Renaître pour périr et périr pour renaître.
Point de culte commun : sur des autels d'un jour
Chacun créant son Dieu, le brisant à son tour,
Mesurant à sa peur ses lâches sacrifices,
Avait autant de dieux qu'il rêvait de supplices !
Seulement, quelquefois, de l'enfer ou du ciel
Descendant ou montant sous les traits d'un mortel,
Un ange de lumière, un esprit de ténèbres
Effrayant les esprits de prodiges funèbres,
Troublant les éléments, commandant au trépas,
Entraînaient un moment les peuples sur leurs pas ;
Puis, s'évanouissant comme une ombre légère,
Ils les abandonnaient à leur propre misère,
Confondaient à leurs yeux l'erreur, la vérité,
Et semblaient se jouer de leur crédulité.

Ainsi sans lois, sans arts, sans culte, sans patrie,
Privés des doux travaux qui fécondent la vie,
Les hommes, fatigués de leur morne loisir,

Trainaient des jours affreux sans espoir, sans désir,
Des nobles passions, aliment de nos âmes,
Dans leurs cœurs assoupis ne sentaient plus les flammes;
Une seule pensée, un morne sentiment,
De leurs esprits glacés immuable tourment,
Semblable au poids affreux que dans l'horreur d'un rêve
De son sein qu'il oppresse un malade soulève,
La crainte, remplaçant liens, patrie, amour,
Régnait seule à jamais sur leur dernier séjour,
Sevrait les tendres fruits des baisers de leurs mères,
Arrachait la beauté des deux bras de leurs pères,
Et des hommes frappés d'une muette horreur
Changeait l'amour en haine et la crainte en fureur.
Tantôt on les voyait dans un sombre silence
Trainer de leurs longs jours la stupide indolence,
Assis sur les débris d'un temple profané,
Les bras croisés, l'œil fixe et le front incliné;
Tantôt, fuyant en vain leur vague inquiétude,
Chercher des souterrains l'horrible solitude,
Et, maudissant du jour l'inutile flambeau,
S'ensevelir vivants dans la nuit du tombeau;
Puis, saisis tout à coup d'un bizarre délire,
S'abandonner sans cause aux accès d'un fou rire,
Se chercher, s'embrasser, pousser d'horribles cris,
Se couronner de fleurs, danser sur des débris;
Comme pour dérober une heure à leurs supplices,
Se hâter d'inventer de nouvelles délices,
D'un regard impudique outrager la beauté,
Mêler les ris, les pleurs, la mort, la volupté,
Et puiser dans le sein de leur fatale ivresse

Un bonheur plus affreux encor que leur tristesse !
Cependant, quand le cri de leurs pressants besoins
Pour soutenir leurs jours sollicitait leurs soins,
On ne les voyait pas, levés avant l'aurore,
Coucher le blond froment sur le sillon qu'il dore,
Des épis desséchés dérouler les faisceaux,
Faire jaillir le grain sous les bruyants fléaux,
Recueillir en chantant les doux présents des treilles,
Dérober aux forêts le nectar des abeilles,
Fouler d'un pied rougi par le suc du raisin
Le pressoir ruisselant des flots ambrés du vin,
Ni du fanon gonflé des fécondes génisses
Faire écumer le lait dans de brillants calices.
Tous ces dons prodigués au travail des humains
Semblaient s'être taris sous leurs coupables mains ;
Les arbres languissants sans sève et sans culture,
N'étalant qu'à regret une rare verdure,
Aux feux d'un astre éteint ne voyaient plus mûrir
Ces fruits qu'à nos besoins leurs bras semblaient offrir
Les animaux rendus à leur indépendance,
De l'homme dégradé dédaignant la présence,
Ne reconnaissaient plus sur son front profané
Le signe du pouvoir dont Dieu l'avait orné ;
Le taureau, brandissant sa corne menaçante,
Ne tendait plus au joug sa tête obéissante ;
L'étalon indompté ne mordait plus le frein ;
L'agile lévrier ne léchait plus sa main ;
Le coq, abandonnant le seuil de ses demeures,
Au pâtre vigilant ne chantait plus les heures ;
La fidèle colombe avait fui dans les bois,

Et l'oiseau domestique, effrayé de sa voix,
Ne venait plus lui pondre au retour de l'aurore
Ces doux fruits de son nid, ravis avant d'éclore!
Mais seul, abandonné de ses sujets divers,
Ce roi des animaux, de la terre et des mers,
Errant sur les confins de son stérile empire,
Allait, sur les rochers où l'Océan expire,
Recueillir pas à pas, pour soulager sa faim,
Ces vils rebuts des mers rejetés de son sein,
Ces reptiles des eaux, ces impurs coquillages
Que balayaient les flots sur le sable des plages.
En fouillant les débris des murs abandonnés,
Des autels, des tombeaux par ses pas profanés,
Du marbre verdoyant de ces vieilles ruines
Ses négligentes mains arrachaient des racines,
De ces vils aliments composaient son repas,
Que le nectar de l'homme, hélas! n'arrosait pas.

Ainsi dans les horreurs d'une longue agonie
Végétaient ces enfants d'une race bannie;
Une éternelle attente empoisonnait leurs jours;
Mille étranges rumeurs occupaient leurs discours.
Tantôt, pour détourner les fléaux de leurs têtes,
Le fer avait parlé par la voix des prophètes;
Il demandait du sang, des prêtres, des autels,
Promettant à ce prix d'épargner les mortels;
Et la terre, à jamais de son dieu délivrée,
Aux esprits infernaux allait être sacrée!
Tantôt les ouragans avaient pris une voix,
Ou l'éclair dans le ciel avait tracé la croix!

Déjà les éléments, lui rendant leur hommage,
A la voix d'un vieillard avaient soumis leur rage ;
Les astres avaient lui, l'onde avait reculé,
Les airs s'étaient calmés, la terre avait tremblé,
Ou les morts échappés de leurs bières funèbres
Avaient crié : « Salut ! » dans l'horreur des ténèbres ;
Mais depuis le matin du dernier de ces jours
Un prodige plus grand occupait leurs discours.
Un homme, car ses traits du moins étaient d'un homme,
Inconnu des vivants avait paru dans Rome,
Jeune, beau, tel enfin que les hommes pieux
Jadis voyaient passer les messagers des cieux.
Son front pur et serein, ses traits ornés de grâces,
Du malheur des humains ne portaient point les traces ;
Ses yeux demi-baissés à travers leur azur
Laissaient lire la paix d'un cœur tranquille et pur,
Et son regard brillant d'amour et d'espérance
Avait des anciens jours le calme et l'innocence.
Le duvet de sa joue à peine se montrant,
Le sourire ingénu sur ses lèvres errant,
La candeur de son front et les tresses bouclées
De l'or de ses cheveux sur son cou déroulées,
Marquaient cet âge heureux, ce matin de nos jours
Où l'astre de la vie, en commençant son cours,
Sur les traits indécis de l'homme enfant encore
Mêle aux feux du midi les teintes de l'aurore.
Cependant le bâton qui pliait sous sa main,
Ses pieds qu'avait blessés la longueur du chemin,
Ses vêtements couverts de fange et de poussière,
La fatigue du jour pesant sur sa paupière,

Et de son front pâli la brûlante sueur,
Tout donnait à ses traits l'aspect d'un voyageur
Qui, marchant nuit et jour vers des plages lointaines,
Arrive avec effort au terme de ses peines.

Mais sur la terre encor qui pouvait voyager ?
D'où venait, où tendait ce divin étranger ?
Était-il donc encor sur quelque heureuse plage
Un peuple, une famille échappée au naufrage,
Qui dans un doux asile, à l'ombre du Seigneur,
Des enfants de la terre ignorât le malheur ?
Cet enfant inconnu de ces heureuses terres
Venait-il en montrer le chemin à ses frères ?
Au monde racheté d'un déluge nouveau
Apportait-il au moins le céleste rameau ?
Était-ce un homme, un ange, ou l'un de ces fantômes
Qui sortaient quelquefois des funèbres royaumes
Pour se faire adorer des crédules humains ?
Nul ne pouvait fixer leurs pensers incertains,
Car à peine avait-il sur ce séjour d'alarmes
Promené quelque temps ses yeux mouillés de larmes,
Et par des mots épars, sur sa bouche expirants,
Interrogé de loin les tristes habitants,
Qu'éclatant en sanglots, se frappant la poitrine,
Et traçant sur son front une image divine,
Saisi d'étonnement, de doute ou de terreur,
Il s'en était enfui poussant un cri d'horreur ;
Et frappés de ses traits pâlis par ses menaces,
Les hommes effrayés avaient perdu ses traces !
Maintenant enflammé d'un désir curieux,

Le peuple en grossissant le cherchait en tous lieux,
Et fouillant les rochers, les antres, les ruines,
De ses longs hurlements frappait les sept collines!
Mais la nuit tout à coup, en descendant des airs,
Plongea dans le silence et l'homme et l'univers.

Ce n'étaient plus ces nuits, sœurs du jour, dont les ombres,
Voilant sans les cacher les horizons plus sombres,
Descendaient pas à pas du dôme obscur des cieux,
Et d'un jour plus égal charmaient encor nos yeux,
Alors que rayonnant sur l'azur de ses voiles,
Les paisibles lueurs des tremblantes étoiles
Voyaient les doux reflets de leurs pâles flambeaux
Dormir sur les gazons ou flotter sur les eaux!
Le disque irrégulier de l'astre aux deux visages
Ne guidait plus leur foule à travers les nuages;
Il ne consolait plus de ses tendres regards
Les débris dispersés des grandeurs des Césars.
Frappant du Vatican les longues colonnades,
Ses rayons prolongés sous l'ombre des arcades
Ne montraient plus de loin au regard attristé
Les fantômes épars de l'antique cité,
Et passant par degrés sur les saintes collines
N'y faisaient plus grandir l'ombre de leurs ruines!
Ces soleils de la nuit du pilote connus,
Saturne, Jupiter, Mars, la chaste Vénus,
Et ceux que les pasteurs, levés avant l'aurore,
Comme des fleurs du ciel voyaient jadis éclore,
Ayant déjà rempli leur précoce destin,
N'éclairaient déjà plus le soir ni le matin;

Mais une nuit glacée, universelle, obscure
Comme un voile de deuil tombant sur la nature,
Enveloppait soudain de son obscurité
Et le ciel, et la terre, et l'homme épouvanté.
Ses yeux, en vain levés vers les voûtes funèbres,
Retombaient accablés du poids de ces ténèbres;
Et le monde muet, sans ciel et sans flambeau,
Restait comme endormi dans la nuit du tombeau!

SECONDE VISION

Qu'êtes-vous devenus, voluptueux rivages,
Collines de Tibur, antres frais, verts bocages,
Où l'Anio, tombant en liquides cristaux,
Répandait dans les airs la fraîcheur de ses eaux ?
Beaux arbres dont l'hiver respectait la verdure,
Cascades dont Mécène adorait le murmure,
Jardins où les Césars, lassés de leur splendeur,
Fuyaient et retrouvaient leur fatale grandeur;
Ruisseaux, vallons obscurs, grottes, humbles retraites,
Qui prêtiez du silence et de l'ombre aux poètes,

Où Tibulle, où Virgile, amoureux de vos bords,
Exhalaient leur belle âme en immortels accords,
Où leur ami voyait avec un doux sourire
La sagesse et l'amour se disputer sa lyre,
Et, dans leurs douces mains la livrant tour à tour,
D'un bonheur nonchalant jouissait jour à jour?

Hélas! j'ai vu moi-même, après deux mille années,
Par l'homme et par le temps ces rives profanées
N'offrir dans leur tristesse et dans leur nudité
Qu'un triste monument de leur caducité.
L'antiquaire y fouillait sous la ronce et l'épine
La poudre des tombeaux, la pierre des ruines,
Et, foulant sous ses pieds la cendre des héros,
De leurs noms oubliés lassait d'ingrats échos.
Des générations rapides, ignorées,
Avaient passé, sans trace, en ces mêmes contrées,
Et vers l'éternité précipité leur cours,
Semblables à leurs flots qui débordent toujours.
Les hommes n'étaient plus; les dieux, les dieux eux-même
Etaient avec le temps tombés du rang suprême;
D'autres dieux les avaient chassés de leurs autels;
Les vils lézards rampaient sur leurs noms immortels;
Du beau temple où Tibur évoquait sa sibylle,
La croix couvrait le dôme et consacrait l'asile;
La chasteté veillait au parvis de Vénus,
Et dans ces bois souillés du nom d'Antinoüs,
Sur les débris épars de ces mêmes demeures
Où la lyre d'Horace avait charmé les heures,
Le solitaire errant chantait à demi-voix

L'immortel testament d'un dieu mort sur la croix,
Et la cloche du soir, dans le ciel balancée,
D'un pieux souvenir éveillant la pensée,
Tintait de l'Angélus l'harmonieux soupir,
Comme un adieu plaintif du jour qui va mourir.
Mais alors l'Anio sous ses voûtes profondes
De rochers en rochers jetait encor ses ondes;
Au pin pyramidal les pâles peupliers
S'entrelaçaient encor sur de riants sentiers;
D'un radieux couchant les vapeurs empourprées
Baignaient de Tusculum les cimes azurées;
L'Océan sans rivage en bornait l'horizon;
Mille débris sacrés y jonchaient le gazon,
Et les yeux enivrés de ces sublimes scènes
Retrouvaient quelques pleurs pour les grandeurs humaines.
Le voyageur assis sur un cippe effacé
Cherchait à l'horizon la ville du passé,
Et de cette grande ombre à ses yeux transformée
Voyait monter encor l'éternelle fumée !

Maintenant le sol même avait péri : les yeux
Ne reconnaissaient plus la nature et les cieux.
La terre avait tremblé; dans le sein des vallées
Les monts avaient baissé leurs têtes écroulées;
Sur ce lit où le fleuve avait perdu ses eaux
Les bois n'étendaient plus leurs ombrageux rameaux.
Un silence éternel, effroi de la nature,
Régnait seul où régnait son éternel murmure.
L'Océan semblait mort, le ciel vide, et pour l'œil
L'horizon n'était plus que solitude et deuil.

De rochers entassés une ceinture énorme,
De monts déracinés débris sombre et difforme,
Semblait avoir fermé d'un invincible mur
Ce fortuné vallon qui fut un jour Tibur :
Formidable rempart, vaste amas de ruines,
Qu'en leurs convulsions les monts et les collines
Avaient confusément l'un sur l'autre entassé
Et de rochers hideux sur ses flancs hérissé !
Nul arbre n'y plantait ses racines rampantes,
Nul gazon n'étendait ses tapis sur ses pentes ;
Mais, pareil aux amas par les volcans vomis,
Un chaos inégal de rocs mal affermis,
En rapides degrés s'élevant jusqu'aux nues,
De ces bords interdits dérobait les issues,
Et jamais des mortels les pas audacieux
N'auraient osé tenter d'escalader ces lieux.

Cependant Éloïm, l'Esprit ainsi me nomme
Le jeune pèlerin qui s'est montré dans Rome,
Éloïm vers ces lieux, poussé par la terreur,
Fuyait, le cœur glacé d'épouvante et d'horreur ;
Il entendait de loin retentir dans l'espace
Les cris des insensés qui couraient sur sa trace,
Et, tremblant de tomber dans leurs barbares mains,
Se frayait sur ces rocs de périlleux chemins.
Tel qu'aux flancs escarpés des pics de l'Érymanthe,
Le son lointain du cor suspend la biche errante ;
Tel aux cris des mortels qu'il entend approcher,
Éloïm s'élançait de rocher en rocher,
Et, gravissant les pics, franchissant les abîmes,

De ces remparts altiers escaladait les cimes,
Quand son œil tout à coup découvre un antre obscur
Contre les pas de l'homme asile affreux, mais sûr !
Il y plonge ; il en suit les ténébreuses routes.
La caverne tantôt ouvre ses larges voûtes,
Où le bruit de ses pas, par l'écho reproduit,
Redoublant son effroi, roule au loin dans la nuit,
Et tantôt resserrant ses parois sur sa trace,
Semble, pour l'étouffer, lui refuser l'espace,
Et le force à ramper dans de sombres chemins
Dont le sol déchirait ses genoux et ses mains ;
Mais, le corps insensible aux douleurs qu'il endure,
Il fuirait les humains au bout de la nature,
Et, suivant à tâtons ces immenses détours,
Dans leur muette horreur il s'enfonce toujours.

Trois fois de la clepsydre où l'homme en vain le pleure,
Le sable aurait versé la mesure d'une heure,
Depuis qu'enseveli dans cet antre profond
Éloïm avançait sans en trouver le fond ;
Déjà, depuis longtemps, le jour livide, oblique,
Qui glissait en rampant par son étroit portique,
De détour en détour, par degrés affaibli,
Sur les flancs de la grotte avait encor pâli,
Puis, s'éteignant enfin dans des vapeurs plus sombres,
Rappelé ses rayons du sein glacé des ombres ;
Dans une nuit sans teinte il perdait son regard.
Il marchait, il tombait, il rampait au hasard.
Enfin d'un jour lointain la débile lumière
Semble d'un doux reflet consoler sa paupière.

Il doute, il croit longtemps que son œil ébloui
Lui prolonge l'erreur dont ses sens ont joui ;
Mais, semblable aux lueurs d'une tardive aurore,
De chacun de ses pas la clarté semble éclore,
Et du fond rayonnant de cet obscur séjour,
Il voit enfin jaillir un pur filet du jour ;
Et la fraîcheur de l'air que son haleine aspire,
Tout annonce une issue ; il s'écrie, il respire !
Il s'élance, il accourt, il accourt, mais, hélas !
A ses regards surpris ce jour n'augmente pas ;
Ce n'est qu'un seul rayon, que dans l'ombre incertaine
Les fentes du rocher laissent filtrer à peine.
Il veut, du moins, coller sur ce rocher jaloux
Son regard altéré de cet éclat si doux !
Il y touche : ô surprise ! une porte de pierre,
De l'antre ténébreux gigantesque barrière,
Que supportent des gonds et des verrous d'airain,
Ferme d'un mur glacé le sombre souterrain,
Et par l'étroit canal d'un léger interstice
Laisse à peine un passage où le regard se glisse.

Éloïm, emporté d'un désir curieux,
Aux fentes du rocher colle en tremblant ses yeux.
Il voit... ivre du trouble où cet aspect le plonge,
Il voit ce que jamais il n'avait vu qu'en songe,
Un vallon ombragé par des bois encor verts,
Une île de délice au milieu des déserts,
Des jardins, des gazons, des arbres, des fontaines,
Roulant à flots plaintifs leurs ondes incertaines ;
Des sillons où les vents, sur ces bords assoupis,

Balançaient mollement les vagues des épis ;
Des fruits prêts à tomber des rameaux qui fléchissent,
Les uns encore en fleurs, les autres qui jaunissent.
Il voit bondir plus loin, sur le penchant des prés,
Ces animaux jadis à l'homme consacrés :
Deux taureaux aiguisant contre un vieux sycomore
Leur corne recourbée où le joug pend encore ;
Un sauvage coursier dont les longs crins épars
Ne voilent qu'à demi l'éclair de ses regards ;
De paisibles brebis aux toisons ondoyantes ;
Des chevreaux suspendus aux roches verdoyantes ;
La poule dont le chant dès l'aurore entendu
Avertit l'homme à jeun du fruit qu'elle a pondu ;
L'oiseau du laboureur, le pigeon, l'hirondelle
Fidèle après cent ans au toit qui la rappelle,
Et l'âne domestique, et l'onagre, et le chien
De l'homme autant que l'homme ami, frère, gardien,
Qui, d'un maître indigent dédaignant les largesses,
N'aime en lui que lui-même et vit de ses caresses !
Il entend gazouiller sur la cime des bois
Ces oiseaux dont jamais il n'entendit la voix,
Ces chantres de la nuit, du soir ou de l'aurore,
Que chaque heure du jour et des nuits fait éclore,
Et qui, pour assoupir et réveiller nos sens,
Exhalent leurs amours en suaves accents.

C'était l'heure où du jour toutes les voix s'apaisent,
Où des oiseaux lassés les vifs accords se taisent,
Où Philomèle seule, attendrissant les airs,
Au malheureux qui veille adresse ses concerts.

Sur un rameau voisin où son nid se balance,
Elle enchantait du soir l'harmonieux silence;
Éloïm écoutait ses doux sons s'exhaler.
D'autres sens à son cœur semblaient se révéler!
Jamais semblable aspect et jamais voix pareilles
N'avaient charmé ses yeux ou ravi ses oreilles.
De tous ces habitants de la terre et des cieux,
Qui portaient, qui servaient, qui charmaient nos aïeux,
Il ne connaissait rien que ces vaines images
Que les traditions conservent aux vieux âges,
Et, pendant qu'ils passaient, ainsi qu'au premier jour,
Sa bouche avec transport les nommait tour à tour;
Mais ses regards en vain dans ce séjour champêtre
Cherchaient des animaux le modèle et le maître:
Tout y rappelait l'homme, on ne l'y voyait pas.
Était-ce un lieu divin interdit à ses pas?
Une ombre de l'Éden conservée à la terre?
Ou d'un ange exilé le palais solitaire?

Éloïm interdit doutait... quand une voix,
Une voix dont son cœur a tressailli trois fois,
Semblable aux sons vivants de la parole humaine,
S'élève et vient frapper son oreille incertaine.
Cette voix n'avait pas ces modulations
Qu'imprime aux sons humains l'accent des passions,
Cette note à la fois violente et plaintive
Qui trahit toujours l'homme à l'oreille attentive;
C'était un son égal, plein, grave, mesuré,
Par un cœur impassible avec force vibré,
Dont rien n'amollissait la vigueur solennelle,

Mais comme on entendrait la parole éternelle !
Du côté d'où la voix s'élevait vers les cieux,
Le jeune homme éperdu porte aussitôt les yeux ;
Il voit, non loin de lui, sur un banc de verdure,
Deux êtres dont il n'ose assigner la nature,
Tant leur sublime aspect, à son œil enchanté,
Surpasse l'homme en force, en grâce, en majesté !

L'un était un vieillard ; mais sa verte vieillesse
Ne témoignait des ans que l'antique sagesse ;
On ne voyait en lui que cette majesté
D'un front chargé de temps, mais du temps respecté ;
L'âge n'avait pour lui ni faiblesse, ni glaces ;
Ses traits montraient ses jours, mais sans porter leurs traces,
Et ses membres nerveux, et d'un sang pur nourris,
N'étalaient point à l'œil leurs muscles amaigris.
Ses cheveux étaient blancs, mais leurs boucles touffues
Roulaient à gros flocons sur ses épaules nues ;
Dans toute leur jeunesse ils paraissaient blanchir.
Son front large et musclé les portait sans fléchir.
La voûte de ce front, sur ses yeux avancée,
Imprimait à ses traits la force et la pensée ;
Au sommet de ce front deux boucles de cheveux,
Par un souffle divin qui soulevait leurs nœuds,
En deux cornes d'argent s'arrondissaient d'eux-mêmes,
Dessinaient sur son front ce noble diadème,
Symbole de la force et de l'autorité,
Sur le front du bélier par Dieu même jeté,
Et dont, pour imprimer son signe sur leurs têtes,
Jéhovah couronnait le front de ses prophètes !

Tel semblait ce vieillard, et ses traits souverains,
Sa taille surpassant la taille des humains,
Tout en lui rappelait un de ces premiers sages,
Heureux contemporains de l'enfance des âges.
Bouclé sur son épaule, un grand manteau de lin
Laissait à découvert la moitié de son sein;
Une large courroie en serrait la ceinture,
Puis, sur ses pieds divins roulant à l'aventure,
Formait ces larges plis, où, flottant tour à tour,
On voyait se jouer les ombres et le jour.
Il pressait, d'une main, sur sa poitrine nue,
Un livre dont sept sceaux interdisaient la vue;
Et de l'autre il semblait, avec deux de ses doigts,
Tracer sur l'horizon l'image de la croix.

Auprès du saint vieillard, mais dans l'ombre cachée,
Une femme, une vierge, à sa trace attachée,
D'une timide main s'appuyant sur son bras,
Sur un pied suspendue, avançait sur ses pas.
Non, jamais la beauté qu'un amant vierge encore
De ses désirs brûlants en rêves voit éclore,
Jamais le souvenir qu'un jeune époux en deuil,
Pour nourrir ses regrets, évoque du cercueil,
Jamais l'image, enfin, la séduisante image
Que se forme une mère, en portant son doux gage,
N'égala les attraits de cet être charmant
Qu'aux regards d'Éloïm offrit ce seul moment,
Quand fixant sur ses traits sa paupière ravie,
Ce regard suspendit son haleine et sa vie!

Elle était dans cet âge où, prête à se flétrir,
Cette fleur de beauté qu'un printemps fait mûrir
Semble inviter l'amour à cueillir ses délices
Avant qu'un jour de plus effeuille ses calices :
Age heureux de la grâce et de la volupté
Qui confond en saison le printemps et l'été !
La jeunesse mêlait sur ses lèvres écloses
Une tendre pâleur à l'éclat de ses roses ;
Ses traits divins dont l'ombre arrêtait le contour,
Ses yeux bleus, ou brillants, ou voilés tour à tour,
L'astre dont le foyer est le cœur d'une femme
Laissait en longs éclairs échapper plus de flamme ;
D'un sein plus arrondi les globes achevés,
D'un souffle plus égal sous leur voile élevés,
Et ses cheveux flottants, dont les tresses moins blondes
Jusque sur le gazon glissaient en larges ondes,
Mais dont l'or, brunissant de plus de feux frappés,
Ressemblait aux épis que la faux a coupés :
Tout en elle annonçait ces saisons de tempête,
Ce solstice éclatant où la beauté s'arrête.
Un voile blanc, tissu de ses blanches brebis,
Pressait son sein d'albâtre, et, glissant à longs plis,
Dessinait les contours de sa taille superbe,
Et venait, sur ses pieds, se confondre avec l'herbe.
Aucun vain ornement, aucun luxe emprunté
N'altérait la candeur de sa pure beauté.
Dédaignant d'un faux art les trompeuses merveilles,
L'opale ou le corail n'ornait point ses oreilles,
Le rubis sur son front ne dardait point ses feux,
L'or autour de son col n'enlaçait pas ses nœuds ;

Et ces lourds bracelets, qu'un vain luxe idolâtre,
D'un bras harmonieux ne foulaient point l'albâtre ;
Mais, sur sa blanche épaule, un ramier favori
Était venu chercher un amoureux abri ;
Il caressait son cou d'un doux battement d'aile ;
Et, broutant le gazon qui croissait autour d'elle,
Deux lions, par l'attrait près d'elle retenus,
Folâtraient sur sa trace et léchaient ses pieds nus.
Tels les plus doux objets qu'anima la nature
Suivaient Ève en Éden et formaient sa parure.

Suivant d'un pas distrait les pas du saint vieillard,
Elle laissait errer ses beaux yeux au hasard.
Ce regard n'avait pas ce divin caractère
D'un œil qui voit le ciel et méprise la terre ;
Je ne sais quoi d'humain, de vague et d'inquiet,
Ressemblait au désir, ou plutôt au regret ;
On eût dit qu'en ces lieux par la force enchaînée,
Pour ce divin exil elle n'était pas née.
En un mot, l'un semblait un habitant des cieux,
L'autre une enfant de l'homme esclave en ces beaux lieux.

« Jour, disait le vieillard, jour qui finis ta course,
Toi que le temps fit naître et rappelle à ta source,
C'en est fait : éteins-toi ! Va dans l'éternité
Rendre compte à ce Dieu par qui tu fus compté !
Depuis ce premier jour où ma vieille paupière
Dans l'enfance des temps s'ouvrit à ta lumière,
De ces milliers de jours qui sous mes yeux ont lui,
Je ne te vis jamais si morne qu'aujourd'hui !

Ces fils de la lumière ont-ils, comme nous-même,
Quelque pressentiment de leur heure suprême?
Ah! qu'ils rappellent peu, par leurs traits effacés,
Ces premiers jours du monde à jamais éclipsés,
Quand, sous leurs premiers pas, la terre épanouie
Exhalait vers son Dieu comme un parfum de vie,
Et qu'emportant les vœux des mortels innocents,
Ils s'en allaient chargés de nuages d'encens!
Mais, à présent, dans l'ombre où leur cercle s'achève,
Sur un désert en deuil il se couche et se lève,
Sans qu'un cœur innocent, sans qu'un pieux regard
L'invoque à son lever, le suive à son départ!
Cependant, ô ma fille, un œil nous les mesure;
Ils doivent leurs tributs au roi de la nature;
Il ne les a point faits, comme un vain ornement,
Pour semer de leurs feux la nuit du firmament,
Mais pour lui rapporter, aux célestes demeures,
La Gloire et la Vertu sur les ailes des Heures!
Accomplissons donc seuls leur sublime devoir!
Prions le jour, la nuit, le matin et le soir!
Et tandis que la terre, à son instant suprême,
Le nie ou le maudit, l'oublie ou le blasphème,
Que l'hommage du soir, présenté par nos mains,
Lui porte encor l'encens et la voix des humains!»
Il disait, et, le front courbé dans la poussière,
Sa bouche murmurait une sourde prière.
La vierge agenouillée à ces sons répondait;
Dans un accord divin leur voix se confondait;
Sa tendre voix mêlée à la voix ferme et grave
Formait de tons divers un contraste suave.

Tel au bruit d'un torrent qui gronde au fond des bois
L'oiseau du ciel se plaît à marier sa voix.

Cependant Éloïm, collé contre la pierre,
N'osait, pour leur parler, suspendre leur prière;
Mais quand le saint vieillard, à demi prosterné,
Eut relevé son front vers l'occident tourné,
Et que, prêt à quitter cette porte fatale,
Déjà son pas immense en franchit l'intervalle,
Éloïm s'écria; sa voix en sourds échos,
A travers les rochers, porta vers eux ces mots :

« Fortunés habitants de ce lieu de délices,
Soit que déjà du ciel vous goûtiez les prémices,
Soit qu'exempts ici-bas de travail et de mort
Des malheureux humains vous ignoriez le sort,
Adorez-vous le Christ ? » Au nom par qui tout tremble
La vierge et le vieillard s'inclinèrent ensemble.
Éloïm poursuivit : « Ah ! si vous l'adorez,
Par ses jours et sa mort à tout chrétien sacrés,
Par ce jour qui s'approche où du haut des nuages
Il viendra réveiller et juger tous les âges,
Ouvrez pour un moment cet asile à mes pas !
Je viens d'une autre terre et de lointains climats
Chercher s'il est encor sur ces confins du monde
A la voix d'un mortel un mortel qui réponde.
Aux lieux qu'avec horreur mes pieds ont traversés
Je cherchais des humains... j'ai vu des insensés
Qui, dans leur désespoir se maudissant eux-mêmes,
N'attestaient plus le ciel que par d'affreux blasphèmes !

J'ai fui: la main de Dieu m'a sans doute conduit
Dans les profonds détours de cette horrible nuit,
Pour trouver, à la fin de mes longues misères,
Des autels au vrai Dieu, des anges ou des frères! »
Il dit; le saint vieillard, sans paraître surpris,
Répondit simplement : « Je t'attendais, mon fils !
L'homme, errant au hasard, sans dessein et sans guide,
Arrive où Dieu le veut au jour que Dieu décide !
Il t'amène en ces lieux : j'adore ses décrets;
Entre, et bénis son nom ! tu parleras après. »

Soudain, comme un berger qui veut, sur les fougères,
Laisser fuir du bercail les agneaux sans les mères,
S'incline, et d'un genou, par l'effort affermi,
Soutient le lourd battant qu'il entr'ouvre à demi ;
Tel, sur ses gonds massifs faisant rouler la porte,
Le robuste vieillard dont le corps la supporte,
Laisse entrer Éloïm, et, refermant soudain,
Tourne avec un bruit sourd les lourds verrous d'airain.
Éloïm, se jetant à ses pieds qu'il embrasse,
Baise en pleurant la terre où s'imprime leur trace :
« Homme ou Dieu, lui dit-il; et toi ! toi dont les yeux
Lancent des feux plus doux que la nuit dans les cieux,
Toi qu'enfin, sans ces pleurs qui trahissent une âme,
Je n'oserais nommer du nom touchant de femme !
Soyez bénis tous deux ! Ou si mes sens surpris
Prennent pour des mortels de célestes esprits,
Êtres surnaturels ! enseignez-moi vous-même
Comment on vous adore ou comment on vous aime ! »
La vierge, à ces accents qui vibrent dans son cœur,

Rougissait de plaisir, d'orgueil et de pudeur ;
Ses lèvres s'entr'ouvraient pour répondre elle-même ;
Mais le vieillard, d'un geste et d'un regard suprême,
Sur sa bouche tremblante arrêta son discours :
« Suivez-moi, leur dit-il ; les mœurs des anciens jours
Ne nous permettent point d'interroger encore
L'étranger dont les pas ont devancé l'aurore,
Avant qu'à notre table, assis, il ait goûté
Le pain, le vin, les dons de l'hospitalité !
Qu'il vienne du Seigneur partager les merveilles,
Désaltérer sa soif du doux jus de mes treilles,
Et du lait des brebis épaissi sous ta main,
Et des fruits de nos champs satisfaire à sa faim.
Demain, quand le sommeil aura, par un long rêve,
De ses membres brisés renouvelé la sève,
Il nous racontera quel sort mystérieux,
A travers les déserts, le conduit en ces lieux,
Ce qu'il est, ce qu'il veut, ce qu'il vit chez les hommes ;
Et lui-même, ô ma fille ! il saura qui nous sommes !... »
Tout en parlant ainsi, le vieillard, qui marchait,
Des bords d'un lac limpide à pas lents s'approchait ;
Éloïm admirait et suivait en silence ;
Et la jeune beauté, dont le pas les devance,
Échappant à leurs yeux, courait, d'un pied léger,
Préparer le repas du divin étranger.

. . . .
. . . .
. . . .

ÉPISODE
DE
LA HUITIÈME VISION

LE CHEVALIER

Non loin des bords charmants où, voisin de la source,
Le Rhône au pied des monts précipite sa course
Et, mêlant au Léman son flot rapide et pur,
Au milieu de ses eaux trace un fleuve d'azur;

Entre les verts remparts de vingt collines sombres
Qui sur des prés penchants jettent leurs vastes ombres,
S'étend autour d'un lac un fertile vallon
Où le pampre, abrité du fougueux aquilon,
Entrelaçant sa feuille aux chênes des montagnes,
De ses festons jaunis tapisse les campagnes.
Mille ruisseaux, tombant de coteaux en coteaux,
De cascade en cascade y font bondir leurs eaux,
Et, de leur blanche écume émaillant la verdure,
Y charment les forêts d'un éternel murmure.
Là, sous le sceptre dur d'un puissant chevalier,
Vivait un peuple heureux, peuple jadis guerrier
Quand son maître plus jeune, amoureux de la guerre,
Déployant de la croix la sanglante bannière,
Dans les champs de Solime allait, le casque au front,
Du tombeau du Sauveur venger l'antique affront,
Ou qu'avec les barons d'Italie et de France
Il rompait en champ clos ou l'épée ou la lance.
Maintenant aux lambris de l'antique manoir
Il avait suspendu son vieux bouclier noir ;
Mais le fier Béranger, au déclin de son âge,
Des jeux de sa jeunesse aimait encor l'image.
Son château, couronné de mille noirs créneaux
Où les vents agitaient les plis de ses drapeaux,
Suspendu sur les flancs d'un rocher solitaire,
Sur l'abîme du lac s'élevait comme une aire.
Un torrent orageux, tombant du haut des monts,
Roulait ses flots grondants sous l'arche de ses ponts,
Lui formait de son lit une triple ceinture,
Puis, du sommet d'un roc taillé par la nature,

Rendant un libre essor à son flot débordant,
S'élançait comme un trait dans l'abîme grondant.
Les tours, les bastions, les donjons, les tourelles,
Surmontant ses remparts, flanquant ses larges ailes,
Dressant leur flèche noire au-dessus des forêts,
Semblaient un groupe obscur d'immobiles cyprès.
Le pèlerin voyait, au premier cri d'alarmes,
Briller sur leurs sommets l'acier des hommes d'armes;
Il entendait le cor retentir dans les bois,
Et, si le pont-levis s'abaissait à sa voix,
Sur son front pâlissant la herse suspendue
De surprise et d'effroi venait frapper sa vue.
Il voyait dans les cours les nombreux chevaliers
Décorer leurs écus, polir les boucliers,
Ou, flattant de la main leurs destriers fidèles,
Tresser leurs crins flottants des couleurs de leurs belles.
Les hérauts déployaient les brillants étendards
Ou dressaient en faisceaux les haches et les dards;
Les pages, occupés de nobles exercices,
Combattaient dans l'arène ou volaient dans les lices;
Les clercs entrelaçaient des devises d'amour,
Et, sur le seuil assis, l'antique troubadour,
Penchant son front blanchi sur sa harpe d'ivoire,
Contait des anciens jours les fêtes et la gloire.

Mais seul, assis au coin de l'immense foyer,
Brillant d'hermine et d'or, le noble chevalier,
Sous le cintre noirci d'une salle gothique,
Son écuyer debout près de son siège antique,
A ses vassaux tremblants dictait ses justes lois,

Faisait pâlir le crime au seul son de sa voix,
Du père entre les fils partageait les domaines,
Rétablissait des champs les bornes incertaines,
Rendait à l'orphelin les biens de l'oppresseur,
Arrachait la beauté des bras du ravisseur,
Et dans les noirs cachots de ses profonds abimes
Oubliait dans les fers les coupables victimes.
Mais, quand le cor sonnait dans les bois d'alentour,
Aux plaisirs des guerriers il convoquait sa cour :
Monté sur un coursier dont la noire crinière
Ne voilait qu'à demi le feu de sa paupière,
Enfonçant dans ses flancs l'acier des éperons,
A la voix des piqueurs, aux accords des clairons,
S'élançant sur les pas de ses meutes rapides,
Il poursuivait des bois les habitants timides,
Et dans le cœur du daim à ses pieds gémissant
Il plongeait le premier son glaive, ami du sang;
Puis, vainqueur fatigué de ces luttes barbares,
Revenait en triomphe aux accords des fanfares,
Et, conviant sa cour à de brillants festins,
Noyait ses longs regrets dans les flots de ses vins.

Tendre et frêle ornement de sa sombre demeure,
Sa fille, seule enfant d'une épouse qu'il pleure,
A sa table royale assise à son côté,
Répandait sur ces nuits un rayon de beauté,
Et, d'un regard baissé, d'un mot, d'une caresse,
De ses grossiers plaisirs tempérait la rudesse.
Hermine était son nom. A peine douze étés
Par les pleurs de son père avaient été comptés

Depuis qu'à ses destins une mère ravie
Avait perdu le jour en lui donnant la vie.
Son front pur et voilé d'une tendre pudeur
De son enfance encor conservait la candeur ;
Pâle et languissamment penché sur sa poitrine
Comme un beau lis du lac que la tempête incline,
Il semblait demander contre les coups du sort
Un appui que trop tôt lui déroba la mort !
Sur son col découvert sa blonde chevelure
Roulait en longs anneaux jusques à sa ceinture,
Ou, tressés quelquefois de rubans ét de fleurs,
Ses cheveux, secouant leurs suaves odeurs,
Ressemblaient aux rameaux de pâles giroflées
Qui livrent aux zéphirs leurs touffes effeuillées.
Sa taille que pressait une ceinture d'or
A l'épaule des preux n'atteignait pas encor,
Mais, souple et surpassant les tiges du bocage,
De printemps en printemps s'élançait davantage.
Les teintes de la nuit, l'azur brillant des cieux,
D'un mélange indécis se fondant dans ses yeux,
Et, de leurs deux couleurs nuançant sa paupière,
Formaient un doux accord et d'ombre et de lumière.
Le jour que ces beaux yeux répandaient sur ses traits
Était le jour douteux qui perce les forêts.
Au fond de ce regard où l'âme était tracée
On voyait sommeiller quelque triste pensée :
De sa mère mourante était-ce un souvenir,
Ou le pressentiment du sinistre avenir ?
Je ne sais. Mais l'instinct de la fierté farouche
Abaissait quelquefois l'arc charmant de sa bouche,

Et souvent du dédain le secret sentiment
Imprimait à sa lèvre un léger mouvement.

Cependant, confinée en ce palais sévère,
Hermine y présidait aux fêtes de son père,
Et, d'images de guerre occupant ses loisirs,
Feignait de partager ses sauvages plaisirs.
Tantôt on la voyait d'une légère armure
Couvrir un sein charmant sous l'airain qui murmure,
Ou, d'un cimier flottant ombrageant ses beaux traits,
Presser un palefroi dans l'ombre des forêts ;
Tantôt sur un balcon tissu d'or et de soie,
Où de trente barons l'étendard se déploie,
Son front riant couvert d'une aimable rougeur,
Offrir aux preux jaloux le prix de la valeur ;
Tantôt, d'atours plus doux parant encor ses charmes,
Dans les joyeux festins qui succédaient aux armes,
Verser aux chevaliers, d'une tremblante main,
Le nectar écumant dans leur coupe d'airain,
Mêler sa voix touchante aux accords de sa lyre,
A leurs bruyants transports et rougir et sourire,
Et, parmi les faisceaux d'armes, de boucliers,
Parmi ces fronts blanchis sous le fer et l'acier,
Où la guerre et les ans ont imprimé leur trace,
Lever un front couvert de pudeur et de grâce.
Telle, sur les débris de quelque vieille tour,
Parmi les nids sanglants de l'aigle et du vautour,
Sur les tronçons rouillés de la lance et du glaive,
Une fleur des rochers, que l'aquilon enlève,
Va germer et fleurir sur ces sombres remparts,

Tapisse le rocher de ses festons épars,
Et, battue en pliant des coups de la tempête,
Parfume encor les vents qui balancent sa tête !

Dix pages, par son père attachés à ses pas,
Formaient sa noble suite, et, malgré tant d'appas,
Renfermant leur amour dans le fond de leur âme,
N'adoraient qu'en secret la beauté de leur dame.
Cependant ses couleurs brillaient sur leurs harnois,
Ils osaient proférer son cri dans les tournois,
Et tous, heureux d'un droit que l'usage autorise,
A leur noble écusson unissaient sa devise.

Moi seul, admis par grâce en sa brillante cour,
Jeté par le hasard au sein de ce séjour,
Fils d'un père inconnu, orphelin sans lignage,
Je portais, il est vrai, le titre de son page,
Mais, n'osant arborer son cri ni sa couleur,
Je ne portais, hélas ! son nom que dans mon cœur.

Or, Seigneur, apprenez par quel secret mystère
J'avais été nourri par les soins de son père :
Un jour, l'aurore à peine en marquait le retour,
La châtelaine, assise au balcon de sa tour,
Rêvait en regardant la vague étincelante
Dérouler à ses pieds son écume brillante,
Et voyait se jouer sur les flots agités
Un couple favori de cygnes argentés.
Les deux oiseaux, nageant sur la plaine profonde,
Tantôt disparaissaient dans les sillons de l'onde,

Et tantôt, remontant sur la crête des flots,
Couraient avec la lame et brillaient sur son dos.
Aidant leur pied léger de l'effort de leur aile,
Ils dirigeaient leur course au pied de la tourelle;
Et déjà sur leur trace on voyait s'avancer
Un esquif qu'avec eux les flots semblaient bercer.
Nulle main ne guidait la nacelle sur l'onde,
Nul zéphire n'enflait sa vague vagabonde;
Mais d'un lacet de jonc les flexibles anneaux
L'enchaînaient mollement au cou des deux oiseaux
Qui, poursuivant de front leur course plus tardive,
Traînaient avec effort leur fardeau vers la rive.
On voyait leurs beaux cous, par leur effort pliés,
Secouer les cordons dont ils étaient liés :
Tels, à peine sevrés des prés de l'asphodèle,
Deux blancs coursiers qu'au char le laboureur attèle,
Mordent le frein léger qu'ils ne connaissent pas,
S'étonnent de ce poids qui roule sous leurs pas,
Et, d'un pied bondissant dispersant la poussière,
Marchent en secouant leur naissante crinière.
Sur cet objet nouveau fixant d'en haut les yeux,
La dame les suivait d'un regard curieux,
Et, dans l'esquif léger qu'ils traînaient au rivage,
Reconnaît un berceau recouvert de feuillage :
« Courez, volez! » dit-elle; on court, on vole au port.
Déjà les deux oiseaux en effleuraient le bord.
On détache aussitôt, d'une main attentive,
En caressant leur cou, le nœud qui les captive,
Et deux pages, chargés du précieux fardeau,
Apportent à ses pieds l'aventureux berceau.

Elle accourt, elle écarte avec ses doigts agiles
Le rideau ruisselant des feuillages mobiles,
Et, sous le vert tissu qui le cache à demi,
Découvre avec horreur un enfant endormi.
Il semblait à cet âge où la mère qui sèvre
Refuse avec regret la mamelle à sa lèvre,
Et ses cheveux naissants de leur duvet soyeux
Ne roulaient pas encor les boucles sur ses yeux.
Nul écrit déposé dans sa main enfantine
N'indiquait son destin, son nom, son origine;
Seulement près de lui, couché dans le berceau,
Un glaive reposait dans un riche fourreau,
Et deux éperons d'or, attestant son lignage,
Portaient de sa noblesse un muet témoignage.

La dame, en contemplant le jeu cruel du sort,
De l'humide berceau tire l'enfant qui dort,
Le presse entre ses bras, le réveille et l'admire.
L'enfant sourit aux traits qui semblent lui sourire,
Et, levant vers son cou ses deux bras innocents,
Semble implorer encor ses baisers caressants.
« Viens, dit-elle en pleurant de tendresse et de joie,
Cher époux, c'est un fils que le ciel nous envoie!
Recevons, mon Seigneur, ce présent de sa main.
Si c'est un fils aussi que je porte en mon sein,
Je veux que le berceau tous les deux les rassemble :
Sous mon œil maternel ils grandiront ensemble,
Et, compagnons un jour de gloire et de combats,
Ils n'auront qu'une mère et qu'un cœur et qu'un bras !
Mais si c'est une fille, et que la Providence

Trompe ainsi de ton cœur la plus chère espérance,
Permets que cet enfant avec elle nourri
Croisse pour devenir son page favori.
Si le trépas jamais lui ravissait sa mère,
Heureuse, son enfance aurait du moins un frère.
Dans le doute cruel de son sort incertain,
Donnons-lui quelque nom conforme à son destin.
Si j'en crois de son sort l'apparence sévère,
Triste, hélas! est son père et plus triste sa mère.
Que Tristan soit son nom! » Elle dit, et soudain
La nourrice, à sa voix, le suspend à son sein,
Et, dans ses tendres bras le berçant en silence,
Lui rend les si doux soins ravis à son enfance.

Cet enfant, c'était moi, malheureux en naissant :
Car à peine deux fois l'astre au pâle croissant
Avait renouvelé sa forme irrégulière,
Qu'Hermine, en recevant la vie et la lumière,
Perdit sa noble mère, et moi, mon seul appui.
Mais Béranger garda mon berceau près de lui,
Et, tout en déplorant ma douteuse origine,
Me fit sucer le lait qui nourrissait Hermine.
Je jouais avec elle, et quand plus d'un été
Eut fait éclore enfin la fleur de sa beauté,
Attaché par son père à la cour de ma dame,
Le respect remplaça l'amitié dans mon âme;
Et dans son doux emploi son page renfermé
N'osait se souvenir qu'il eût jadis aimé.
C'est moi qui, d'une main à ses jeux façonnée,
Accoutumais au frein sa blanche haquenée,

Qui, les genoux en terre et le regard baissé,
Tenant entre mes mains son pied charmant pressé,
D'un mouvement léger l'élançais sur la selle,
Puis, sur mon palefroi m'élançant après elle,
Mon étrier touchant son rapide étrier,
Suivais dans les forêts le vol de son coursier.
C'était moi qui versais dans sa coupe dorée
L'onde fraîche du lac, d'un vin pur colorée;
Qui portais à sa voix ou sa harpe aux pieds d'or,
Ou le luth gémissant, ou son joyeux cinnor,
Et qui, pour obéir aux ordres des convives,
Mêlais à leurs accords mes romances plaintives:
Heureux quand un soupir, une larme, un regard,
Donnait un prix divin à mes chansons sans art!

Ainsi dans la douceur de ce charmant servage
Coulaient obscurément les jours de mon bel âge;
Et mon cœur, satisfait de sa félicité,
Dans son humble bonheur n'aurait rien regretté
Si j'avais dû toujours, au gré de mon envie,
Voir couler sous ses yeux le reste de ma vie!
Mais, jaloux de son cœur et le briguant en vain,
Vingt nobles chevaliers se disputaient sa main,
Et, du vieux Béranger convoitant l'héritage,
D'un amour méprisé lui présentaient l'hommage.
Orgueilleux souverain des châteaux d'alentour,
Parmi ces prétendants le féroce Salmour,
Mêlant dans ses desseins et la ruse et l'audace,
Osait à la prière ajouter la menace;
Et, sourd aux vœux hardis d'un voisin turbulent,

L'inflexible vieillard refusait en tremblant.
Déjà depuis longtemps par la force ou la ruse
Salmour voulait ravir celle qu'on lui refuse,
Et, toujours par le ciel dans ses desseins trompé,
A ses sanglantes mains elle avait échappé ;
Et, par tant de revers s'aigrissant davantage,
Son amour insensé se convertit en rage,
Et, cachant en secret sa honte dans son cœur,
Il ourdit un complot digne de sa fureur.

Non loin des murs heureux où respirait Hermine,
Une antique forêt, de colline en colline
Prolongeant ses détours et ses sombres arceaux,
Semblait en serpentant descendre au bord des eaux.
Des chênes, des ormeaux, aussi vieux que la terre,
Y couvraient de leur nuit la rive solitaire,
Cachaient leurs pieds mousseux dans les creux du rocher,
Sur les flots murmurants paraissaient se pencher,
Ou de leurs troncs rangés en vertes colonnades
Ouvraient aux yeux charmés les profondes arcades.
L'ombre en entretenait l'éternelle fraîcheur,
Les zéphyrs y portaient les doux chants du pêcheur,
Et les rayons du jour brisés par le feuillage,
Se glissant par moment sous le mobile ombrage,
Sur la mousse où les airs semblaient les apporter
Jouaient au gré des vents qui les faisaient flotter.
Là, souvent, au milieu de ses jeunes compagnes,
Hermine poursuivait la biche des montagnes,
Effrayait, en courant de sentiers en sentiers,
Les chevreuils suspendus aux rameaux d'églantiers,

Ou sur les pieds mousseux des hêtres et des chênes
S'asseyait pour goûter la fraîcheur des fontaines,
Et, cueillant pour la Vierge une moisson de fleurs,
Mariait leurs parfums, leurs formes, leurs couleurs.
Au bout de la forêt un large promontoire
Sur l'abîme du lac jetait son ombre noire,
L'œil y plongeait au loin sur un large horizon.
Son sommet, revêtu d'un tapis de gazon,
Comme un coussin de fleurs s'arrondissait à peine ;
Un limpide ruisseau, coulant du pied d'un chêne,
Offrait son onde fraîche aux coupes des chasseurs,
Puis, serpentant sans bruit parmi l'herbe et les fleurs,
Du sommet du rocher qui se creusait en voûte
Allait au sein du lac distiller goutte à goutte.
Mais sous les flancs minés du sublime rocher,
Dont l'ombre redoutable effrayait le nocher,
Avec l'aide du temps, les vents, les coups de l'onde,
Avaient creusé jadis une grotte profonde
Où le flot dans l'orage avec un sourd fracas
Entrait en murmurant et ne ressortait pas.
Une nuit éternelle en ombrageait l'entrée ;
L'eau n'y conservait pas sa lumière éthérée,
Mais, perdant sous la nuit l'azur du firmament,
Le flot vert et livide y dormait tristement.

Salmour choisit cet antre à ses projets propice.
A la faveur des nuits sa nef légère y glisse ;
Il impose silence aux hardis matelots :
Ils enfoncent sans bruit la rame dans les flots,
Et, cachant sous les bords leur barque inaperçue,

De l'antre avec la vague osent franchir l'issue.
Dix chevaliers, vassaux du féroce Salmour,
Lui prêtent à regret leur perfide secours,
Et, cachés avec lui dans la caverne sombre,
Allument des flambeaux et s'enivrent dans l'ombre.
Sept fois, à son lever, un faux reflet du jour
D'une pâle clarté vint blanchir leur séjour
Avant que le signal qu'attendait le perfide
Vint de ses compagnons frapper l'oreille avide.
Enfin le cor fatal retentit dans les bois.
De rochers en rochers l'écho roule sa voix ;
Les chevaliers armés sortent de leur repaire,
Gravissent du rocher le sentier solitaire,
Et, non loin de la source où, vers l'heure du soir,
Pour respirer le frais Hermine allait s'asseoir,
Derrière les troncs noirs de dix chênes antiques
Ils se rangent en cercle autour des frais portiques.

Déjà des cors lointains les éclatantes voix
Du cerf au pied rapide avaient sonné l'abois ;
Déjà de son coursier sur l'herbe descendue,
Sur la verte pelouse à ses pieds étendue,
Hermine s'asseyait, et, de sa blanche main
Puisant le flot glacé qui ruisselle en son sein,
Lavait de son beau front la brûlante poussière
Et d'une fraîche ondée arrosait sa paupière.
Ses pages, ses varlets, dans le creux des ruisseaux
Plongeaient les vins brillants dans les riches cristaux,
Déroulaient les tapis et tiraient des corbeilles
Le lait, les fruits des champs ou les présents des treilles.

Béranger, d'une main flattant son lévrier
Et de l'autre appuyé sur le dos d'un coursier,
Contemplant cette fille à ses vieux jours si chère,
Souriait tristement en songeant à sa mère.
Soudain, un cri parti de dix lieux à la fois
D'un bruit épouvantable a fait trembler les bois :
Dix chevaliers armés, dont les voix se répondent,
Sur nous, au même instant, le glaive à la main, fondent,
Enchaînent désarmé l'imprudent chevalier,
Renversent à ses pieds varlets, page, écuyer,
Et sur Hermine en pleurs qui dans mes bras s'élance,
Tendant ses bras sanglants, le fier Salmour s'avance.
Embrassant d'une main la fille du seigneur,
Dont le front pâlissant retombe sur mon cœur,
De l'autre j'arrachai de la main du perfide
Du sang de nos amis son glaive encore humide,
Et, du fer tournoyant me faisant un rempart,
Avançant, reculant et frappant au hasard,
Je fais rouler aux pieds de la vierge tremblante
Trois de ses ravisseurs sur l'arène sanglante ;
Le reste, épouvanté d'un effort plus qu'humain,
Recule ; mais le glaive est brisé dans ma main !
Salmour, à cet aspect, pousse un long cri de joie,
Et, pour me l'arracher, s'élance sur sa proie ;
Ses lâches compagnons, fondant de tous côtés,
Passent autour de moi leurs bras ensanglantés,
Et de mes bras serrés dont l'étreinte l'enlace
S'efforcent d'arracher la beauté que j'embrasse :
Mais, comme un jeune lierre autour d'un peuplier
Redouble ses anneaux qu'on ne peut délier,

Autour de son beau corps qu'ils ne peuvent défendre
Mes bras entrelacés refusent de la rendre,
Et leurs mains, ne pouvant en desserrer les nœuds,
Dans leur fatal esquif nous emportent tous deux.

Soudain les ravisseurs, de la voûte profonde,
Ont lancé de nouveau leur nacelle sur l'onde,
Et, courbés sur les bancs, les hardis matelots
Font voler l'aviron sur la cime des flots.
C'était l'heure où du soir le crépuscule sombre,
Pâlissant tout à coup, glisse et s'eteint dans l'ombre,
Et, du noir horizon dérobant le contour,
Efface les tableaux qu'anime l'œil du jour.
Une lune naissante et de vapeur voilée,
Brillant, sans éclairer, sur la morne vallée,
Ne versait qu'à regret sur le lac brunissant
Les reflets indécis de son jeune croissant ;
Et l'écume des flots soulevés par l'orage
Éclairait seule au loin la nef et le rivage.
La fraîcheur de la nuit, le murmure de l'eau,
Les haleines du vent qui berçaient le vaisseau,
Réveillant par degrés Hermine évanouie,
Lui rendaient à la fois la douleur et la vie.
Mais, frappé de respect, son lâche ravisseur
N'osait d'un seul regard profaner sa douleur.

Depuis que notre esquif avait quitté la terre,
Deux fois l'airain sacré d'un lointain monastère
Avait répété l'heure et, roulant sur les flots,
Prolongé jusqu'à nous ses lugubres échos ;

Chaque son du marteau, chaque coup de la rame,
Retentissaient, hélas! jusqu'au fond de son âme,
Et de ces bords chéris disparus à ses yeux
Semblaient lui rapporter les éternels adieux.
Sur le banc des rameurs assise au bord de l'onde,
Penchant son front pensif sur la vague profonde,
Sa superbe fierté contenait ses sanglots ;
Mais j'entendais ses pleurs ruisseler dans les flots,
Et je sentais sa main, autour de moi passée,
Par ses frémissements révéler sa pensée.
Dans cet affreux moment je ne sais quel espoir,
Plus prompt que la raison, plus sûr que le devoir,
Comme un rapide éclair qui brille dans l'orage,
Vint éclairer mon âme et tenter mon courage.
Je n'examinai pas, les moments étaient courts,
J'attendis de Dieu seul ma force et mon secours ;
Mais d'un bras vigoureux soulevant ma maitresse,
Et de ses longs cheveux saisissant une tresse,
Aux regards de Salmour qui jette un cri d'effroi,
Dans l'abime des flots je l'entraine avec moi.
Le lac nous recouvrit de ses vagues profondes,
La sombre nuit voilait les noirs sillons des ondes,
Et, tandis que Salmour nous cherche en vain des yeux,
Soutenant d'une main mon fardeau précieux
Et de l'autre fendant la vague qui s'écroule,
Loin des flancs de l'esquif le flot grondant nous roule.
Ne livrant plus alors notre course au hasard,
Je levai vers le ciel un rapide regard :
Une brise propice en balaya la voûte,

Et l'étoile du soir me guida dans ma route.
Au sein du lac, une ile, ou plutôt un écueil,
Du nautonier timide épouvante au loin l'œil ;
La colère des flots que l'obstacle y rallume
Gronde et le bat toujours de sa bruyante écume ;
Mais lorsque de ses bords la barque ose approcher,
Le regard voit verdir au sommet du rocher
Un tapis de gazon que mille fleurs nuancent,
Où des saules légers les ombres se balancent,
Et que de mille oiseaux les ramages divers
Enchantent nuit et jour de leurs joyeux concerts.
Jamais l'homme, troublant la paix de leur asile,
N'interrompt par sa voix le silence de l'île ;
Quelquefois seulement, quand tout dort sur les eaux,
Suspendant ses filets aux flexibles rameaux,
Pendant l'ardeur du jour couché sous leur ombrage,
Le pêcheur fatigué s'endort près du rivage.
C'est là que dirigeant ma course et mes efforts
Je nageais dans l'espoir de rencontrer ses bords.

Les vents dormaient, le flot que fendait ma poitrine
Berçait en murmurant le corps léger d'Hermine,
Et des vagues souvent le doux balancement
Contre mon cœur glacé pressait son sein charmant.
Nous prêtions tous les deux une oreille attentive
Pour distinguer le bruit des flots contre une rive ;
Mais en vain notre oreille implorait quelque bruit :
Seuls planaient sur les flots le silence et la nuit.
Déjà l'horrible effroi venait glacer mon âme,
Déjà mes bras lassés de surmonter la lame,

Refroidis par les eaux et prêts à se roidir,
Comme mon sang, hélas! paraissaient s'engourdir;
De nos fronts seulement nous surnagions à peine,
Le flot nous disputait notre rapide haleine,
Et, souvent par la vague engloutis tous les deux,
L'écume en retombant ruisselait sur nos yeux.
Alors, ce fut alors qu'au sein de la mort même
Recueillant ses esprits pour cet aveu suprême,
D'une voix qui se perd dans le fracas des flots,
Hermine murmura ces mots, ces derniers mots:
« Tristan, il faut mourir! Mais la mort nous rassemble;
« Grâce à toi, grâce à Dieu, nous périssons ensemble.
« Mais avant d'expirer, Tristan, écoute-moi:
« Je n'aimais ici-bas, je n'eusse aimé... que toi!
« Adieu! » Cet adieu même expira sur sa bouche,
Et son front, retombant comme sur une couche,
S'endormit sur la vague et roula comme un lis
Que les torrents d'automne entraînent dans leurs lits.
Mais ces mots entendus, ce mot sacré: je t'aime!
Cet aveu que j'aurais payé de ma mort même,
Me rendirent soudain ma force et ma vigueur;
Mon sang déjà glacé s'échauffa dans mon cœur,
Et, dans l'espoir nouveau dont ce seul mot m'enivre,
Je rendis grâce à Dieu de mourir ou de vivre.
Je nageais cependant, et redoublant d'effort,
Les vents à mon insu m'entraînaient vers le bord.
Déjà, sur les brisants par le courant poussée,
Mes yeux voyaient blanchir la vague courroucée,
Et, semblable au coursier irrité par le frein,
Le flot en grossissant bondissait sous mon sein:

Mais, ravissant Hermine à leur aveugle rage,
Leur flux impétueux nous roula sur la plage;
Et, fuyant le reflux qui courait sur mes pas,
J'emportai tout tremblant mon fardeau dans mes bras.

Sur un épais gazon dont le duvet flexible
Se pliait mollement sous son poids insensible
Et d'un réseau léger la couvrait à demi,
Je posai doucement son beau corps endormi,
Puis, à genoux près d'elle, et contre ma poitrine
Appuyant son beau front que sa faiblesse incline,
Mes soins, ma voix, mes cris, sur ses traits sans couleur
Cherchaient à rappeler un reste de chaleur.
Mon regard suspendu, mon oreille incertaine,
Sur sa bouche entr'ouverte épiaient son haleine,
Et, pressant dans mes bras ses membres languissants,
De mes brûlants soupirs je réchauffais ses sens.
Enfin son cœur battit sous ma main qui le touche,
Un faible et long soupir s'échappa de sa bouche,
Son sang vint ranimer ses traits décolorés,
Et, soulevant vers moi ses regards égarés,
Ses lèvres lentement murmurèrent : « Où suis-je?
« Dans les bras de Tristan ! O bonheur! ô prodige!
« O généreux ami! se peut-il? est-ce moi?
« N'est-ce point un vain songe? est-ce nous? est-ce toi?
« Ah parle ! et qu'aux accents de cette voix chérie
« Mon cœur encor douteux reconnaisse la vie! »

J'obéis ; je parlai ; mes timides accents
De leur trouble confus rappelèrent ses sens,

Et tous deux à genoux, nos mains entrelacées,
Renfermant dans nos cœurs nos secrètes pensées,
En silence, et le front prosterné devant lui,
Nous rendîmes à Dieu grâces de son appui.

Mais l'eau glaçait encor ses vêtements humides.
Je cueillis à l'entour quelques rameaux arides,
Et dérobant le feu dans le caillou surpris,
La flamme en pétillant dévora ces débris.
L'ondoyante lueur, par mon souffle excitée,
De vague en vague au loin sur l'onde répétée,
Au-dessus des forêts brillant jusqu'au matin,
Porta ses longs reflets au rivage lointain.
Tandis qu'à ses rayons Hermine, demi-nue
Et de ses longs cheveux seulement revêtue,
Déroulant de son front les humides anneaux,
De ses habits trempés fait couler les ruisseaux,
De son front rougissant détournant mon visage,
J'allai sur la pelouse et le long du rivage
Cueillir ces fruits pendant aux verts rameaux des bois :
La mûre dont le sang ruisselle sous mes doigts,
La fraise qui se cache à la main qui la cueille,
La figue dont la vague aime à laver la feuille,
Ces grappes mûrissant pour les oiseaux du ciel,
Et dans le creux d'un chêne un blanc rayon de miel.
Puis, posant à ses pieds ces dons de la nature
Que la feuille des bois couvrait de sa verdure,
J'offris à ses besoins ce champêtre repas
Que les tiges cédaient à ses doigts délicats ;
Et, puisant son breuvage à la source voisine,

Mes mains furent la coupe où les lèvres d'Hermine
Cherchaient l'onde, et souvent sa lèvre avec effort
De sa coupe en buvant semblait presser le bord.

Quand par ces soins si doux je la vis ranimée,
Je préparai pour elle une couche embaumée :
La mousse et le gazon en formaient les coussins ;
Et les rameaux fleuris des flexibles jasmins,
Arrondissant leur dais, pendaient sur son visage,
Comme un rideau léger agitaient leur feuillage.
Ce lit charmant reçut ses membres délicats.
Je soutins mollement sa tête sur mon bras,
Et le sommeil, du jour lui dérobant l'image,
Sur ses traits assoupis répandit son nuage.

O nuit délicieuse ! ô nuit dont mon amour
Porte le souvenir jusqu'à mon dernier jour !
Le vaste dais du ciel, peuplé d'astres sans nombre,
Nous versait à la fois sa lumière et son ombre ;
Le lac, abandonné par la brise du soir,
S'étendait sous les cieux comme un sombre miroir,
Au long balancement de ses vagues plus lentes
Berçait en murmurant mille étoiles brillantes,
Et sur les bords muets qui semblaient l'assoupir
Le flot en expirant ne rendait qu'un soupir ;
Les zéphyrs en glissant sur l'ondoyante plaine
Tempéraient sa fraîcheur avec leur tiède haleine,
Et l'oiseau dont la voix gémit comme l'amour,
Et celui dont les chants meurent avec le jour,
Sur des rameaux voisins où leur nid se balance,

De l'ombre harmonieuse enchantaient le silence.
Aux charmes de ces lieux nos âmes répondaient;
Entre le monde et nous les vagues s'étendaient.
Je venais d'arracher Hermine à la tempête,
Je sentais sur mon sein le doux poids de sa tête,
Je contemplais ce front, ces paupières, ces yeux,
Ces lèvres qu'entrouvrait leur souffle harmonieux,
Ces lèvres qui naguère en paroles de flamme
Avaient trahi pour moi le secret de son âme,
J'entendais son haleine en soupir cadencé
S'échapper doucement de son sein oppressé,
Et, dans la tendre erreur où le sommeil la plonge,
Murmurer faiblement un nom cher même en songe;
Ses cheveux, qu'au hasard l'air faisait voltiger,
Nous entouraient tous deux comme un voile léger,
Au gré du doux zéphir qui dans leurs boucles joue
Faisaient frémir mon âme en effleurant ma joue,
Et, nouant quelquefois mon front avec le sien,
Semblaient nous enchaîner d'un amoureux lien.

Oh! pourquoi l'Océan de sa vaste ceinture
Ne nous séparait-il de toute la nature?
Pourquoi sur cet écueil, perdus au sein des mers,
Nous formant l'un à l'autre un magique univers,
Ne pouvions-nous, hélas! au gré de notre envie,
Aux regards des mortels dérober notre vie,
Et, formant un Éden de ce charmant séjour,
Nous y nourrir en paix de notre seul amour!

Combien de fois, durant ces heures enchantées,

Aux tremblantes lueurs par la flamme jetées,
Portant un œil ravi sur ses chastes appas,
Un invincible attrait me fit ouvrir les bras,
Et, prêts à la presser sur ce sein qui l'adore,
Les laissa retomber pour les rouvrir encore !
Combien de fois, brûlant d'ineffables désirs,
Respirant de plus près le feu de ses soupirs,
Dans ses traits endormis mes regards s'étanchèrent,
De son front virginal mes lèvres s'approchèrent,
Et, sans pouvoir jamais fuir ni s'en détacher,
Mes lèvres ni mes yeux n'osèrent la toucher !

Oh ! que si j'avais pu, dans l'ardeur qui m'enflamme,
Sans offenser, Seigneur, ni le ciel ni ma dame,
Abandonnant mon cœur à ses divins transports,
Dans ces bras, sur ce cœur, la presser sans remords,
Et, lui communiquant le feu qui me dévore.
Épuiser mon bonheur au moins jusqu'à l'aurore,
Oui, j'aurais consenti, pour cette nuit d'amour,
A ne revoir jamais la lumière du jour,
Mais plutôt qu'à mes bras elle ne fût ravie,
D'exhaler à la fois mon délire et ma vie !

Mais, réprimant en moi ces songes de mon cœur,
Des transports de l'amour le respect fut vainqueur.
Et, pour forcer en moi le désir à se taire,
Détachant doucement les anneaux du rosaire
Qui, comme un long collier multipliant ses tours,
Du sein de mon amante ornaient les doux contours,
Entre mes doigts tremblants roulant les grains mystiques,

Et baisant tour à tour les divines reliques,
Je murmurai tout bas ces mots dont la vertu
Apaise la tempête en un cœur combattu.
Et, du ciel évoqué par ma longue prière,
Un tranquille sommeil glissant sur ma paupière,
Près de mon doux fardeau m'endormant à mon tour,
Sur des songes légers me berça jusqu'au jour.

Saint-Point, 10 juin 1824.

II

. . . .
. . . .

Cependant, le cœur plein de deuil et de tristesse,
Béranger, maudissant le poids de sa vieillesse,
Privé du seul objet qui consolait ses jours,
De son château désert a traversé les cours.
Ses cheveux blancs, souillés de sang et de poussière,
Tombent à gros flocons sur sa morne paupière ;
Il mord sa lèvre pâle, il presse dans sa main
La garde du poignard qu'il fit briller en vain,
Et, sur ses traits ridés se frayant une route,
De longs ruisseaux de pleurs, tombant à grosse goutte,
Viennent mouiller ce fer, dans ses mains impuissant.
« Ah ! malheureux ! dit-il, des pleurs au lieu de sang ! »
Il baisse un front courbé sous le malheur et l'âge,
Et de ses serviteurs détourne son visage.
Tel un chêne vieilli, dont les rameaux séchés
Par la foudre ou la hache ont été retranchés,

Sur un coteau brûlant que son aspect afflige,
Ne voit plus de son sein sortir de jeune tige,
Et, de l'ombre et des fleurs oubliant la saison,
Penche un tronc dépouillé sur le morne gazon.

Ses vasseaux consternés se rangent en silence.
Mais soudain à ses pieds un mendiant s'élance;
Son front, déjà chargé des traces de ses jours,
De sa vie orageuse annonçait le long cours;
Un bâton soutenait sa démarche tremblante;
La misère courbait sa tête chancelante;
De vêtements usés quelques lambeaux épars,
Sous l'outrage des ans tombant de toutes parts,
Noués par une corde autour de sa ceinture,
Laissaient à découvert ses jambes sans chaussure,
Et ses pieds, par le sol meurtris et déchirés,
Foulaient péniblement le marbre des degrés.
Du chevalier terrible il suit de loin la trace;
Il se jette en pleurant à ses pieds qu'il embrasse:
« Seigneur! écoutez-moi, dit-il en sanglotant,
Peut-être il vous souvient de ce berceau flottant
Où cette noble épouse, à vos regrets si chère,
Recueillit un enfant et lui servit de mère;
On dit que du trépas par le ciel préservé,
Et par vos soins, seigneur, dans ces murs élevé,
Digne qu'en autre rang le hasard l'ait fait naître,
Sa gloire et ses vertus ont honoré son maître...
— Et que t'importe, à toi, vil rebut des humains,
Le sort de cet enfant qu'ont élevé mes mains?
Qu'eut jamais de commun son sang et ta misère?

— Hélas! pardonnez-lui, seigneur! je suis son père!
— Toi, son père? Insensé! ce noble enfant ton fils!
Qui donc es-tu? — Seigneur, vous voyez mes habits,
Je suis ce qu'à vos yeux indique leur misère,
Un de ces malheureux, vermine de la terre,
A qui le ciel jaloux de ses avares mains
A donné pour tout don la pitié des humains,
Qui glanent ici-bas ce que le riche oublie,
Et qui, pour soutenir leur misérable vie,
Vont aux portes du temple, au seuil de vos palais,
Recevoir tour à tour l'insulte ou les bienfaits !
Trop heureux si le ciel, dans l'opprobre où nous sommes,
En nous déshéritant des biens communs aux hommes,
Avait en même temps retranché de nos cœurs
Ces sentiments qui font leur joie et nos douleurs!
Mais, hélas! ces haillons n'étouffent pas nos âmes;
Nous aimons, comme vous, nos enfants et nos femmes;
Mais le remords nous suit jusqu'au sein de l'amour,
Et nous nous repentons de leur donner le jour.
Un enfant m'était né; la faim et la souffrance
Avaient ravi sa mère à sa première enfance,
Et, près d'elle couché, sa bouche avec effort
Pressait encor ce sein qu'avait tari la mort!
On vantait la pitié de notre noble dame :
L'espérance, à son nom, pénétra dans mon âme;
Je m'emparai soudain, par un adroit larcin,
De deux cygnes chéris que nourrissait sa main,
Et confiant mon fils à sa frêle nacelle,
Je chargeai leur instinct de la guider près d'elle;
La vague protégea ce dépôt précieux,

Jusqu'à ces bords lointains je le suivis des yeux.
Tranquille sur le sort d'une tête si chère,
Je sentis s'alléger le poids de ma misère,
Et, loin de ce rivage allant porter mes pas,
J'usai mes tristes jours de climats en climats.
Mais enfin, quand des ans l'inévitable outrage
Eut usé de ce corps la force et le courage,
Rappelé vers ces bords par un cher souvenir,
Un instinct paternel me force à revenir
Près de ce fils chéri terminer ma carrière,
Pour avoir une main qui ferme ma paupière!
Ah! laissez-moi, seigneur, le voir et l'embrasser;
Sur ce cœur expirant laissez-moi le presser;
Et que puisse de Dieu la main juste et prospère
Bénir dans vos enfants la pitié de leur père!
— Mes enfants! qu'a-t-il dit? hélas! je n'en ai plus!
Garde pour toi, vieillard, tous tes vœux superflus;
J'ai perdu, comme toi, l'espoir de ma famille;
Va! cours chercher ton fils! il est avec ma fille! »

Ainsi dit Béranger, et, d'une rude main
Repoussant le vieillard, il reprend son chemin.
Tel qu'un aigle irrité, dont l'immonde reptile,
Pendant qu'il plane en paix dans un azur tranquille,
A dévasté son aire, et sur ses bords flétris
De ses œufs près d'éclore a semé les débris,
Lorsque, redescendu de sa céleste sphère,
Son instinct paternel le rappelle à son aire,
Et que, du haut du ciel, y plongeant ses regards,
Il voit ses tendres fruits sur les rochers épars,

Sur ce nid, son espoir, il plonge, il veut s'abattre ;
Il cherche un ennemi qu'il puisse au moins combattre ;
De rochers en rochers il vole en tournoyant,
Promène dans les airs son regard foudroyant,
Et, rongeant les rochers à défaut de victime,
Il jette un cri vengeur qui fait trembler l'abîme :
Tel au fond d'un palais maintenant dépeuplé,
Ce vieux père, cherchant d'un regard désolé
Cette enfant dont ses yeux ont la douce habitude,
De ses gémissements remplit la solitude,
Marche, s'arrête, écoute, éclate en vains sanglots,
Et consume la nuit à regarder les flots.

Mais à l'heure où les chants du pieux solitaire
Montent seuls vers le ciel, quand tout dort sur la terre,
Son regard, en fixant l'écueil inhabité,
Du fanal de Tristan découvrit la clarté.
A cet aspect nouveau son cœur glacé palpite :
Il appelle, il espère, il s'élance, il hésite ;
Mais vers les bords lointains où cet espoir a lui
Un instinct plus puissant l'entraîne malgré lui.
Réveillés à ses cris, ses matelots fidèles
Rattachent l'aviron aux flancs de ses nacelles,
Dressent les mâts couchés sur les esquifs flottants,
Lèvent l'ancre pesante, ouvrent la voile aux vents ;
Et lui-même, voguant où le fanal le guide,
Courbé sur l'aviron fend la plaine liquide.
La brise de la nuit sur le lac écumant
Vers l'écueil escarpé les pousse en un moment ;
Ils franchissent le flot grondant sur le rivage.

Béranger, le premier, s'élance sur la plage;
Il appelle, il s'écrie, il court, il voit enfin,
Il voit aux premiers feux des astres du matin,
Sur un gazon trempé des larmes de l'aurore,
Sur le sein de Tristan la fille qu'il adore
Mollement assoupie; il doute, il craint d'abord
Cette immobilité qui ressemble à la mort;
Mais bientôt, s'approchant du couple qui sommeille,
Le bruit de leurs soupirs rassure son oreille;
Il voit le sein d'Hermine encor gros de soupirs
Onduler, comme l'onde, au souffle des zéphirs:
« Elle vit! O ma fille! ô ma seconde vie!
A l'outrage, à la mort quelle main t'a ravie?
Réveille-toi! réponds! Quel que soit ton sauveur,
Je jure par le ciel, par toi, par mon bonheur,
De lui donner, pour prix de ce bienfait suprême,
Tout ce que peut donner ma main... fût-ce toi-même! »
Ces cris de son Hermine ont ranimé les sens;
Elle rouvre ses yeux, elle entend ces accents,
Voit pencher sur son front la tête paternelle,
Et lui montrant des yeux Tristan : «C'est lui,» dit-elle;
Et Tristan, à ces mots, rougissant de bonheur,
De ses pleurs arrosait les mains de son seigneur.
Mais Béranger, ouvrant les bras à son Hermine,
Allait presser aussi Tristan sur sa poitrine,
Quand une sombre image, un soudain repentir,
Resserre tout à coup son cœur prêt à s'ouvrir.
Hermine tombe seule entre les bras d'un père;
Le beau page, à ses pieds, reste un genou sur terre,
Et le vieillard lui jette un regard incertain,

Où la reconnaissance est mêlée au dédain :
« Partons, dit-il, fuyons ce funèbre rivage,
Qui de mon désespoir me rappelle l'image,
Et, pendant que les flots nous porteront au port,
Tu nous raconteras ce prodige du sort ! »

La rame bat les flots, la barque glisse et vole.
Hermine, retrouvant à peine la parole,
Raconte en rougissant ce qu'a fait son sauveur;
Comment il a risqué ses jours pour son honneur;
Comment son bras, plus fort que la vague et l'orage,
Au milieu de la nuit l'a portée au rivage;
Comment, près d'un foyer par ses mains allumé,
Dans son sein engourdi son cœur s'est ranimé,
Et comment, par ses soins la rendant à la vie,
Il l'a tout à la fois respectée et servie.
Béranger, en silence, écoutait ces récits;
En cercle autour de lui ses chevaliers assis,
De surprise et d'orgueil ne pouvant se défendre,
Sur l'épaule du preux se penchaient pour entendre;
Et les rameurs, eux-même, enchaînés par la voix,
Du page rougissant écoutaient les exploits,
Et, contemplant Hermine à leur amour rendue,
Oubliaient d'abaisser la rame suspendue.

Quand elle eut achevé, Béranger, l'œil baissé,
Sous tant d'émotions resta comme oppressé;
Puis d'un ton à la fois indulgent et sévère :
« Tristan, dit-il, en moi ton enfance eut un père,
Tu m'as rendu ma fille, et ce premier haut fait

Acquitte en un seul jour le bien que je t'ai fait;
Mais mon cœur veut sur toi conserver l'avantage;
Il n'était qu'un seul prix digne de ton courage,
Tu l'avais mérité! je te l'aurais offert;
Mais entre Hermine et toi l'abîme s'est ouvert,
Rien ne peut le combler, et pas même ta vie!
Le jour qui me la rend à toi te l'a ravie;
Ton père s'est nommé; ton père, un mendiant,
Est venu près de moi réclamer son enfant;
Je dois te rendre à lui, non tel que sa misère
Te confia jadis à ta seconde mère,
Faible, nu, sans espoir que sa tendre pitié,
Mais enrichi des dons de ma noble amitié,
Mais honorant du moins par les dons de ton maître
L'obscurité fatale où le sort te fit naître.
Je te fais châtelain de la tour d'Ildefroi;
Ces domaines, ces champs, ces vassaux sont à toi.
Tu peux à ton vieux père y donner un asile;
Mais toi, loin d'y languir dans un loisir stérile,
Lèves-y des soldats, va porter ta valeur
Parmi les conquérants du tombeau du Sauveur!
Va disputer un prix digne de ta vaillance,
Va mériter un nom qui couvre ta naissance!
Après ce que tu fis et ce qu'ont vu tes yeux,
Il ne te convient plus de paraître en ces lieux,
Jusqu'à ce qu'un héros, entrant dans ma famille,
Ait pris sous son honneur la garde de ma fille. »
Tristan ne répondit que par un seul soupir,
Et tout bas dans son cœur se dit : « J'irai mourir. »
Mais Hermine pâlit, comme une fraîche aurore,

Qu'un nuage subit tout à coup décolore,
Son beau front s'inclina pour cacher ses douleurs,
Et ses cils abaissés voilèrent mal ses pleurs.
Tout se tut : jusqu'au bord on n'entendit qu'à peine
Du sein des deux amants s'exhaler leur haleine ;
Les vassaux, sur la plage, avec des cris d'amour,
De leur dame chérie attendaient le retour,
Et, prenant dans leurs bras la belle châtelaine,
La portèrent en foule aux bras de sa marraine.

. . . .
. . . .

Tout est joie et tumulte aux murs de Béranger :
Les vasssaux, qui d'Hermine ont appris le danger,
Les jeunes chevaliers qui briguaient sa conquête,
Venus pour le combat sont restés pour la fête ;
Les cours et les préaux sont couverts d'étrangers ;
Les dames, les barons entourent les foyers.
Le jour ne suffit pas à leur foule enivrée,
Mais des feux du sapin la nuit même éclairée
Ouvre une lice ardente à des plaisirs nouveaux.
C'est l'heure où Béranger, conviant ses vassaux,
Prodigue des trésors que son orgueil étale,
Fait dresser à la fois vingt tables dans la salle,
Et jusqu'aux premiers chants de l'oiseau du matin,
Entouré de ses preux, prolonge le festin.
Ces salles, où des preux les tables sont dressées,
De soie et de velours ne sont pas tapissées ;
Elles n'offrent aux yeux qu'une voûte d'acier :
Lances, piques, écus, brassards et bouclier ;

Et des lambris de fer et des festons d'épées
Avec un art sauvage autour des murs groupées,
Réfléchissant les feux des nocturnes flambeaux,
Jettent un jour sanglant sous les vastes arceaux.
Nul art dans ces festins n'ajoute à la nature,
Et leur profusion est leur seule parure ;
Les hôtes des forêts, des cerfs, des sangliers,
Sur des plateaux de bois s'y servent tout entiers ;
Et dans la salle même, entre chaque embrasure,
Des outres, des tonneaux qui coulent sans mesure,
Versent aux échansons des vins nés sur ces bords,
Dont la coupe se vide et s'emplit à pleins bords.

Sur un siège élevé d'où son regard domine
Béranger est assis : plus bas la belle Hermine ;
Puis enfin les barons, les écuyers, les grands,
Placés par les hérauts chacun selon leurs rangs,
Descendent par degrés jusques aux servants d'armes
Où Tristan va cacher son triomphe et ses larmes.
Là, tandis que son nom retentit en tous lieux,
Sur ses égaux d'hier n'osant lever les yeux,
Il rougit d'être assis parmi ceux qu'il honore,
Et plus bas, s'il se peut, voudrait descendre encore.
En vain les écuyers, pour plaire à leur seigneur,
Lui présentent les vins et la coupe d'honneur ;
Du doux jus des coteaux en vain sa coupe est pleine,
En feignant d'y puiser sa lèvre y trempe à peine,
Et son cœur, d'amertume et de honte abreuvé,
Lui fait trouver amer tout ce qu'il a goûté.
Il accuse en secret la lenteur des convives,

Il compte chaque instant des heures trop tardives ;
Puis, d'un regard furtif contemplant ces doux traits
Qu'il grave dans son âme et va perdre à jamais,
Il se dit, en comptant le temps qui s'évapore :
« Dure à jamais le jour où je la vois encore ! »
Les lices aux tournois, les danses au festin,
De l'aurore à la nuit, de la nuit au matin,
Durant trois jours complets, durant trois nuits entières,
Chassèrent le sommeil de toutes les paupières.
Mais au dernier repas de la troisième nuit,
Quand déjà, chancelants de fatigue et de bruit,
Les convives lassés succombaient à l'ivresse,
Le baron de Neuf-Tours à Béranger s'adresse :
« Seigneur ! n'avez-vous donc pour orner votre cour
Trouvère ou ménestrel, barde ni troubadour ?
Quitterons-nous ces lieux sans que de son écharpe
L'enfant perdu du lac ait dénoué sa harpe ?...
— Excusez-moi, seigneur, dit Tristan tout confus,
J'imite les héros, je ne les chante plus. »
Le baron, à ces mots, lui lance un faux sourire ;
Mais Béranger, honteux qu'on ait osé dédire
En sa présence même un noble chevalier :
« Vous chanterez, Tristan ; tant d'orgueil doit plier !
Écuyer, apportez la harpe du trouvère ;
Hermine, que ta voix charme aussi ton vieux père !
Et chantez tous les deux l'histoire d'Amadis,
Où vos deux voix d'enfants s'entremêlaient jadis. »
Il dit. Hermine tremble et murmure en son âme ;
Le page avec respect s'approche de sa dame,
Lui présente son luth, au clou d'or suspendu,

Ce luth dont le doux son, à sa voix confondu,
Résonnait autrefois de loin à son oreille
Plus gai qu'un premier chant de l'oiseau qui s'éveille;
Et lui-même, prenant des mains d'un écuyer
Une harpe nouée auprès d'un bouclier,
L'accorde lentement et d'une main distraite.
Et de saisissement la foule était muette.
Enfin, d'une voix faible et sans lever les yeux,
Hermine commença le doux lai des adieux.
Or, c'était un récit, triste comme leur âme,
Et que, sans y penser, avait choisi la dame,
D'un chevalier quittant pour ne plus la revoir
Celle dont la pensée était son seul espoir;
Un vieux barde, exilé des bords de la Durance,
L'avait porté jadis de l'Italie en France.
Deux voix, pour imiter cette scène d'amour,
S'en devaient partager les couplets tour à tour,
Et la harpe et le luth, de leurs notes plaintives,
En suspendre un moment les stances fugitives.

ROMANCE

LA DAME

Quand ce vint au matin, Yseult lui dit : « Écoute !
J'entends le coq chanter et ton coursier hennir;
Encore, encore un mot, et tu seras en route,
Et plus jamais ces yeux ne te verront venir.

Ami, prends mon anneau que de mes pleurs j'arrose ;
Hier, pensant à toi, ma main l'a fait bénir,
Pour qu'à jamais de moi te fasse souvenir
Tant qu'il te souviendra du doigt où je le pose ! »

Or son page, frappant aux portes de la tour,
Disait à demi-voix : Roger, voici le jour !

LE CHEVALIER

Je pars ; mais mon cœur reste, ô ma seule pensée !
Plus ne compte les jours après ce triste instant ;
En ce suprême adieu mon âme t'est laissée,
Tout ce qui m'animait me quitte en te quittant.
Garde de nos amours longue et triste mémoire,
Et si jamais le soir trouvère ou pèlerin
D'un cœur brisé d'amour te vient chanter la fin,
Yseult, dis en toi-même : Hélas ! c'est son histoire !

Or le page, frappant aux portes de la tour,
Disait à demi-voix : Roger, voici le jour !

LA DAME

Ami, prends ces cheveux et que ma main les noue
Au plus près de ton cœur : tu rêveras de moi :
Souvent, quand on te nomme, ils ont voilé ma joue,
Et souvent essuyé des pleurs versés pour toi ;
Ordonne qu'on les laisse à ton heure suprême
Reposer avec toi sous le même linceul,
Pour qu'au moins sous la terre où tu dormiras seul
Quelque chose de moi s'unisse à ce que j'aime !

Or le page, frappant aux portes de la tour,
Disait à demi-voix : Roger, voici le jour !

LE CHEVALIER

Ah ! si le son d'un cor en sursaut te réveille,
Si l'acier d'un écu retentit dans la cour,
Si le pas d'un coursier résonne à ton oreille,
Si la harpe d'un barde expire sous la tour,
En mémoire de moi regarde à la fenêtre
Aussi loin que tes yeux me suivront aujourd'hui,
Et murmure en toi-même : Yseult ! si c'était lui ?
Ce mot, si loin de toi, je l'entendrai peut-être !

Or le page, frappant aux portes de la tour,
Disait à demi-voix : Roger, voici le jour !

LA DAME

Prends mon long chapelet, où pend mon reliquaire,
Baise soir et matin ces reliques des saints ;
J'ai tant prié pour toi sur ce pauvre rosaire
Que mes doigts fatigués en ont usé les grains ;
Quand, voyageant le soir sur la terre lointaine,
L'Angélus sonnera dans la tour du beffroi,
Pour que ton âme au ciel se rencontre avec moi,
En mémoire d'Yseult tu diras ta dizaine.

Or le page, frappant aux portes de la tour,
Disait à demi-voix : Roger, voici le jour !

Tristan allait poursuivre, un cri soudain l'arrête.
Hermine sur son luth vient de pencher la tête ;
Son visage a changé, sa défaillante main
N'a pu même achever le funèbre refrain ;
Elle tombe mourante au sein de sa nourrice
Comme un lis dont le ver a piqué le calice.
On l'apporte en sa tour, sans voix et sans couleur.
Tristan rejette au loin sa harpe avec douleur,
Et, la foulant aux pieds sur le pavé de dalle,
Disperse avec dédain ses débris dans la salle :
« Toi qui chantas pour elle une dernière fois,
Tu ne mêleras plus tes sons à d'autres voix ! »
Dit-il. En s'éloignant de la foule étonnée,
Il va sur le donjon plaindre sa destinée.

Cependant l'air du ciel et des soins caressants
D'Hermine évanouie ont ranimé les sens,
Et la foule, d'ivresse et de joie éperdue,
A repris à l'instant la fête suspendue.
De la chambre élevée où ruissellent ses pleurs,
Hermine entend monter leurs joyeuses clameurs ;
Sur le bord du fauteuil où sa tendresse veille,
Sa nourrice se penche et lui parle à l'oreille :
« Pourquoi cacher ces pleurs, belle enfant ? C'est en vain :
Ma main les sent couler ; versez-les dans mon sein,
Ce sein qui vous reçut, ce sein qui vous adore !
Le mal dont vous mourez, faut-il que je l'ignore ?
— Tu demandes le mal dont je me sens mourir,
Lui répond son Hermine, et Tristan va partir !
Que dis-je ? à cet instant il est parti peut-être.

Nourrice, oh! par pitié, regarde à la fenêtre :
Les ponts sont-ils baissés ? Ne vois-tu rien là-bas ?
De son destrier blanc reconnais-tu les pas ?
— Je n'entends que l'écho de la salle sonore.
— Ah! si du moins mes yeux pouvaient le voir encore!
Si mon cœur pouvait dire avant de se briser
De ces mots que le temps ne pût jamais user !
Peut-être ma douleur, de mon sein exhalée,
Me déchirerait moins si je l'avais parlée.
Si ces derniers accents retenus dans mon cœur
S'y gravaient à jamais comme un sceau de douleur,
Peut-être je vivrais pour espérer encore !
Écoute un dernier vœu d'Hermine qui t'implore !
Descends parmi la foule, ô nourrice ! et dis-lui,
Dis-lui, s'il en est temps, qu'avant que l'ombre ait fui,
Avant que du festin mon père ne se lève,
A l'angle du préau qui domine la grève
Il te suive et m'attende au bord profond des eaux,
Avant que ce croissant dépasse les créneaux.
Va, cours ; c'est un poignard que toute heure perdue.
S'il est parti, je meurs, et c'est toi qui me tue ! »

La nourrice, à ces mots, une lampe à la main,
Descend, cherche partout Tristan sur son chemin,
Le découvre à la fin, seul, assis sous la voûte,
Ne dit qu'un mot : « Hermine ! » et, lui montrant la route,
Le conduit en silence à l'angle du préau.
C'était un promontoire au devant du château ;
Une tour dont les pieds étaient baignés par l'onde
Portait à son sommet une terrasse ronde

Dont aucun parapet ne bordait le contour.
Les pas osaient à peine en approcher le jour;
Mais dans la nuit l'horreur du profond précipice
A des adieux furtifs rendait ce lieu propice.
La nourrice et Tristan, sans bruit et sans flambeaux,
Attendaient que la lune ait passé les créneaux.

Cependant les rumeurs qui sortent de la salle,
Les chants, les sons du cor, meurent par intervalle.
Les convives, lassés de sommeil et de vin,
S'endorment au hasard sur les bancs du festin;
Sous des pas chancelants les corridors gémissent.
Béranger, dont les sens déjà s'appesantissent,
Appuyé sur le bras de son vieil écuyer,
Monte péniblement le tournant escalier.
Sur le dernier degré la foule qui l'escorte,
Éteignant les flambeaux, se disperse à sa porte.
Mais à peine la main de son page Obéron
A-t-elle de son pied déchaussé l'éperon,
Qu'un souvenir confus dans son cœur se réveille;
Il veut revoir sa fille avant que tout sommeille,
Et, près d'avoir perdu son unique trésor,
Avant de s'endormir la contempler encor.
D'un signe de sa main il défend qu'on le suive,
Ouvre près de son lit une porte furtive,
Et lui-même portant sa torche dans sa main,
Du haut donjon d'Hermine il suit le long chemin.
Nul soldat ne veillait dans le corridor sombre,
Tout était dans ces lieux repos, solitude, ombre.
Le vieillard de la porte approche à petits pas :

« Nourrice, ouvrez », dit-il. On ne lui répond pas.
Du lourd loquet de bronze il presse la coquille,
Il entre, son regard cherche soudain sa fille.
Il voit son siège vide, il voit son lit désert,
Ses bijoux dispersés dans son coffre entr'ouvert,
Et de ses blonds cheveux une boucle échappée,
Auprès des ciseaux d'or dont elle fut coupée,
Sur sa table d'ébène est jetée au hasard.
Tout annonce à ses yeux un mystère, un départ...
« Ces bijoux oubliés, ces coffrets, cette tresse,
C'est peut-être, ô mon Dieu, l'adieu qu'elle me laisse ! »
Mille soupçons affreux s'élèvent... Plein d'effroi,
Il monte à pas pressés l'escalier du beffroi :
« Sentinelle, as-tu vu chevaucher sur la route ?
Des pas, des voix, ont-ils résonné sous la voûte ?
A-t-il parti du bord une voile, un esquif ?
— Je n'ai rien entendu que l'eau sur le récif.
Seulement, sur le pré qui domine la plage,
A l'heure de minuit j'ai vu descendre un page,
Et peu d'instants après, au jour de ce ciel pur,
Une ombre à pas muets glisser contre le mur.
— Où sont-ils ? réponds-moi. — Seigneur, de cette place,
L'angle du bastion dérobe la terrasse,
Mais l'œil peut y plonger du sommet du beffroi.
— J'y cours. Baisse ton front, sentinelle, et suis-moi. »

Hermine, s'attachant aux pas de sa nourrice,
Avait rejoint Tristan aux bords du précipice,
Et, dans son cœur brisé retenant ses sanglots,
Voulait parler, pleurait, ne trouvait plus de mots,

De ses deux pâles mains se couvrait le visage,
Regardait tour à tour la nourrice et le page,
Et le ciel et le lac, et pensait : « O mon Dieu !
Que sa vague était douce auprès d'un tel adieu ! »
Puis enfin, s'efforçant d'une voix qui chancelle,
Elle voulait parler : « Tristan, Tristan ! » dit-elle.
Un long silence encor suivit ce faible effort ;
Mais ce seul mot était plus triste que la mort.
« Te souviens-tu d'un mot qu'au sein de la mort même
Ma bouche a murmuré dans un aveu suprême ?
Ah ! la mort de mon cœur peut seule l'effacer !
— Mais mon nom découvert me défend d'y penser ;
Il restera plongé dans l'ombre de mon âme
Comme un obscur fourreau cache une riche lame ;
Il dormira bientôt sous le sceau du trépas.
Je vous le rends ici. — Je ne le reprends pas,
Plus basse est ta fortune, et plus un amour tendre,
Pour être à toi, Tristan, s'honore de descendre.
Descendre ! ah ! qu'ai-je dit ? S'élever, s'ennoblir !
Honorer ce qu'on aime, est-ce donc s'avilir ?
Est-il un rang si bas que ta vertu n'honore ?
Illustre, je t'aimais ; malheureux, je t'adore ;
Et mon cœur à ton cœur attaché sans retour,
Ce que ravit le sort le rend par plus d'amour !
Mais toi dont la tendresse, aux risques de ta vie,
A l'injure, à la mort, dans tes bras m'a ravie,
Toi qui semblas m'aimer tant que je fus ta sœur,
Tristan ! ton cœur est-il si docile au malheur ?
Se peut-il qu'un seul jour efface tant d'années ?
Tant de doux souvenirs, tant d'heures fortunées,

De tes yeux pour jamais sont-ils donc disparus?
Et quand ce cœur perd tout, ah! ne m'aimes-tu plus?»

Les mains jointes, le front baissé sur sa poitrine,
Tristan restait muet, debout devant Hermine,
Comme un homme accusé, parmi ses ennemis,
D'un crime imaginaire et qu'il n'a pas commis,
Mais coupable d'un autre et prêt à se confondre,
Refuse de parler et tremble de répondre.
Hermine interprétant ce silence incertain :
« Ah! s'il est vrai, cruel! pourquoi, pourquoi ta main
Ne m'a-t-elle à la honte, aux flots abandonnée?
Je mourrais moins coupable et moins infortunée!
Va, pars, arrache-moi tout dans le même instant,
Et pour suprême adieu ne me laisse en partant
Que l'éternel chagrin dont je meurs consumée,
Que la honte et l'affront d'aimer sans être aimée!»

Le page, à ces accents dont son cœur est frappé,
Retient en vain un cri de son âme échappé.
« Aimer sans être aimée! Ah! je devais peut-être
Mourir avant ce cri qui vous l'a fait connaître,
Et cachant, même à moi, mes sentiments secrets,
Ne révéler qu'à Dieu le nom que j'adorais!
Mais ce reproche, Hermine, a vaincu ma constance,
Mon cœur en se brisant a trahi mon silence ;
Car si jamais, ô ciel! vous me le reprochez,
Je ne vous l'ai pas dit, c'est vous qui l'arrachez!
Oui! seule vous étiez ma pensée et ma vie.
Dans le fond de mon cœur c'est vous que j'ai servie,

Dans la lice, au tournoi, c'est vous que je pensais !
J'y portais votre nom et je le prononçais.
Quand on me demandait quelle serait ma dame,
Je murmurais tout bas ce seul nom dans mon âme ;
Et vainqueur et vaincu dans ces brillants hasards,
Je ne voyais jamais mon prix qu'en vos regards.
Ne me demandez pas depuis quand je vous aime !
Mon cœur pour l'avouer ne le sait pas lui-même.
De cet amour si doux dès l'enfance animé,
Je ne me souviens pas de n'avoir pas aimé ;
Et ne trouvant en moi d'image que la vôtre,
Je n'ai jamais pensé qu'on pût aimer une autre.
Longtemps ces noms si doux et de frère et de sœur
Comme ils charmaient ma vie ont pu tromper mon cœur,
Et je ne cherchais point à démêler la trame
Des doubles sentiments qui régnaient dans mon âme.
Qu'importait à mon cœur de le savoir jamais ?
D'amour et d'amitié j'étais heureux, j'aimais !
Mais au moment fatal où dans les bras d'un traître
Je vous vis, ce moment m'apprit à me connaître ;
J'ai su combien j'aimais par combien j'ai souffert,
Et le ciel m'a puni de l'avoir découvert !
Mais qu'au fond de mon cœur ce secret vive et meure,
L'amour qui fut ma gloire est mon crime à cette heure !
Trop éloigné d'un rang qu'un regard peut ternir,
Ce serait l'offenser que de m'en souvenir.
Reprenez à jamais celui qui fit ma gloire ;
Qu'il s'efface en votre âme ainsi que ma mémoire.
Plaignez-moi quelquefois ; mais, fidèle à l'honneur,
Aimez-en un plus digne ! — Ai-je donc plus d'un cœur ?

Et crois-tu qu'à ton gré je puisse à l'instant même
Aimer ce que je hais et haïr ce que j'aime ?
Non, l'amour que mon cœur reçut avec le jour,
Qu'on me fit respirer dans le même séjour,
Ce lait qu'au même sein ensemble nous puisâmes,
L'amour qu'un nom si doux a nourri dans nos âmes
N'est pas un sentiment fragile et passager
Qu'un jour peut faire éclore et qu'un mot peut changer;
Tristan, il est nous-même, il est notre pensée
Dans le cœur l'un de l'autre en naissant retracée;
Il est notre mémoire et notre souvenir,
Nos peines, nos soucis, le passé, l'avenir,
Et le sang qui m'anime, et l'air que je respire !
Sur un tel sentiment nulle voix n'a d'empire :
Il brave et l'injustice et l'outrage du sort,
Et, pour l'anéantir, il n'est rien que la mort.
Va, n'essaie donc pas d'en étouffer la flamme ;
Il est à toi, Tristan, par tous les droits de l'âme,
Par tous les noms sacrés les plus chers à mon cœur
D'ami, d'amant, de frère ou de libérateur !
Mon amour te les garde, et ce cœur qui t'adore,
S'il en est un plus doux, te le consacre encore !
Oui! je le jure ici, par tous ces noms chéris,
Par ce lait maternel dont nous fûmes nourris,
Par l'âme de ma mère et ces larmes dernières
Que versèrent sur nous ses mourantes paupières,
Par ce même berceau qui nous reçut tous deux,
Par ces premiers amours nés de nos premiers jeux,
Par ce ciel qui m'entend, par ce lac tutélaire
Dont ton berceau flottant endormit la colère,

Par cette nuit suprême où, ravie au trépas,
L'amour qui t'inspirait me sauva dans tes bras,
Par ma part dans le ciel, par mon nom de chrétienne,
Jamais ma main n'aura d'autre appui que la tienne,
Jamais mon cœur n'aura d'autre maître que toi !
Reçois devant le ciel ce gage de ma foi ;
C'est de ma mère, hélas ! le plus cher héritage,
Le gage de sa foi, l'anneau de mariage
Que l'heure de la mort à son doigt a trouvé,
Et qu'en secret pour toi mon cœur a réservé.
Approche, que ma main à la tienne s'unisse,
Et que Dieu qui m'entend nous juge et nous bénisse !
Et toi jure qu'au mien jusqu'au jour de la mort
Ce nœud mystérieux enchaînera ton sort !
— Je jure, dit Tristan, d'obéir à mon maître,
De respecter le rang où le ciel vous fit naître,
De refuser toujours le nom de votre époux
Pour vivre et pour mourir moins indigne de vous ! »

Hermine, à cet arrêt d'une perte éternelle,
Sent défaillir son cœur ; elle pâlit, chancelle,
Murmure un cri confus qu'elle n'achève pas,
Et Tristan, à genoux, la soutient dans ses bras.
Mais, du haut des créneaux d'où son regard domine,
Le vieillard les découvre ; il voit, il voit Hermine
Au moment où, tombant sous l'excès du malheur,
Le page, avec respect, la reçoit sur son cœur.
Tristan ! sa fille ! ensemble ! en ces lieux ! à cette heure !...
« J'en ai trop vu, dit-il ; ah ! que le traître meure !
Dût se mêler au sien mon sang déshonoré ! »

Il s'écrie, et, d'un bras de fureur égaré,
Arrachant l'arbalète aux mains de l'homme d'arme,
Sur le bord du rempart il la supporte, il l'arme,
Et, trop lent à son gré, mais plus prompt que l'éclair,
Le trait qu'il a lancé siffle, vole et fend l'air.
Mais, ô fureur aveugle ! ô trop malheureux père !
Le trait mal assuré qu'a lancé la colère
Le venge et le punit dans le même moment;
Il frappe d'un seul coup et l'amante et l'amant,
Et, traversant l'épaule où s'appuyait Hermine,
Sur le corps de Tristan lui perce la poitrine,
Réunissant ainsi dans les nœuds de la mort
Ces deux enfants en vain séparés par le sort !
Percé du même dard dont le fer les rassemble,
Le couple infortuné chancelle et roule ensemble,
Et, du haut de la tour dont ils touchent les bords,
Sur l'abîme profond tombant comme un seul corps,
Le lac qui les reçoit ouvre sa vague obscure,
Et le flot les recouvre avec un sourd murmure.
Tels, pendant qu'au printemps un couple de ramiers
Soupire ses amours sur les hauts peupliers,
Le perfide oiseleur qui voit battre leurs ailes
Perce d'un même trait les deux oiseaux fidèles ;
Les gouttes de leur sang teignent leurs flancs ternis,
Leurs cols entrelacés se penchent réunis,
Et, comme un doux faisceau qu'un trait mortel enchaine,
La même flèche encor les unit sur l'arène.

POÉSIES DIVERSES

POÉSIES DIVERSES

I

DÉBUT DU POÈME DE CLOVIS

Je chante ce héros qui des bords de la Seine
Le premier devant lui chassa l'aigle romaine,
Délivra la patrie, et fonda dans Paris
La sainte foi du Christ et l'empire des Lys.

O Muse, qui jadis aux rives du Scamandre
D'Ilion renversé fis revivre la cendre,

Viens, descends à ma voix du fabuleux séjour !
Un Olympe nouveau te réclame à son tour.
Guide mes pas tremblants dans ces routes sacrées
Où croissent du Jourdain les palmes révérées ;
D'une céleste ardeur réchauffe mes concerts ;
Viens orner mes récits du charme de tes vers,
Et laisse-moi puiser à la source sublime
Où s'enivra jadis le chantre de Solime,
Quand, du sacré tombeau célébrant les vengeurs,
Il guida dans Sion leurs pavillons vainqueurs !

1816.

II

A Mlle FANNY DE V...

Est deus in nobis.

Pourquoi de ces yeux humides,
Remplis des traits de l'amour,
Partent ces éclairs rapides,
Plus purs que les feux du jour ?
Pourquoi ce cœur qui palpite ?
Pourquoi ce sein qui s'agite ?
Où vont ces vagues soupirs ?
Quel souffle sacré dénoue
Ces cheveux qui sur sa joue
S'abandonnent aux zéphirs ?

Donnez, donnez-moi, dit-elle,
La palette et les crayons ;
Le feu dont brûlait Apelle
M'échauffe de ses rayons.
Soudain sa main créatrice
Se livre au fougueux caprice
De l'instinct qui la conduit,
Et sous sa touche brillante,
Ce que son génie enfante,
Son pinceau le reproduit.

Où suis-je ? Quels frais bocages !
Est-ce Arcadie ou Tempé ?
Sur ces riants paysages
J'arrête mon œil trompé.
Égaré dans ce bois sombre,
Je sens la fraîcheur de l'ombre
Qui tremble sous ces rameaux ;
J'entends la chute bruyante
De la cascade écumante
Dont le soleil peint les eaux.

Mais quoi ! la nature entière
Change d'aspect à mes yeux :
Un nuage de poussière
Cache la terre et les cieux ;
D'éclairs pâles et livides
Le choc des fers homicides
Sillonne l'obscurité ;
Le sang colore les armes,

Et mon œil, mouillé de larmes,
Se détourne épouvanté.

Comment, d'un vol si rapide,
Peux-tu passer sans effort
Des riants jardins d'Armide
Au théâtre de la mort ?
Telle, en son miroir mobile,
Une onde claire et tranquille
Nous peint, en suivant son cours,
Tantôt des scènes guerrières,
Tantôt des jeunes bergères
Les danses et les amours.

C'est là l'heureux caractère
De ces esprits créateurs
Qui d'une étude vulgaire
Méconnaissent les lenteurs.
La verve qui les inspire
De son facile délire
Toujours te verse les feux,
Et pour la beauté timide
Qu'elle enflamme et qu'elle guide
Les miracles sont des jeux.

Ainsi d'une aile légère,
La jeune et folâtre Iris,
D'un seul pied touchant la terre,
S'élance aux divins lambris.
En se jouant dans l'espace,

Elle y nuance la trace
Où se peint son vague essor,
Et, déployant sa ceinture,
Enveloppe la nature
D'un voile d'azur et d'or.

Milly, novembre 1817.

III

L'OMBRE DE VICTOR ALFIERI

STANCES A CÉSAR ALFIERI

Sur les bords que baigne la Doire
Et qu'échauffe un soleil plus beau,
Les arts, la fortune et la gloire
Environnèrent ton berceau.

Rejeton d'une tige antique,
Les ombres de tous tes aïeux,
Pleines d'un esprit prophétique,
Se réjouirent dans les cieux.

Héritier d'une race illustre
Et d'un nom qui ne peut mourir,
Garde-lui, dirent-ils, son lustre,
Puisque rien ne peut l'agrandir !

A ces mots, dans l'auguste enceinte
Où le marbre garde leurs os,
On entendit, au lieu de plainte,
Retentir la voix des héros.

On vit s'agiter leur armure ;
Et les lances des chevaliers,
Avec un belliqueux murmure,
Frappèrent sur les boucliers.

Du chœur des ombres immortelles,
Ton oncle*, à ce bruit s'élançant,
Du haut des sphères éternelles
Contemplait son neveu naissant.

D'une main il tenait la lyre
Qu'il ravit à l'antiquité ;
L'autre aux yeux des rois faisait luire
Le poignard de la liberté.

Du nuage qui l'environne
Il fit pleuvoir sur ton berceau

---

* Victor Alfieri le tragique.

Quelques feuilles de la couronne
Dont Florence* orna son tombeau.

« Que ces lauriers héréditaires,
Dit-il, germent encor pour toi !
Imitateur d'illustres pères,
Fais comme eux ! Chante comme moi !

« Mais en recevant mon génie
Préserve-toi de mes erreurs :
La haine de la tyrannie
Aigrit trop mes antiques mœurs ;

« Sous des monarques débonnaires
Sans péril j'élevai la voix ;
Et, près des excès populaires,
Je combattis le joug des rois.

« Ainsi, quand pour purger la terre
De mille monstres renaissants
Hercule attaquait la Chimère,
La terre enfantait des brigands.

« Pour changer seulement d'entrave,
A quoi bon faire un vain effort ?
Ici-bas tout homme est esclave
Des dieux, de lui-même ou du sort.

---

* Tombeau d'Alfiéri dans Santa Croce, à Florence, par Canova.

« Aux bords de la Seine ou du Tibre,
Sous un consul ou sous un roi,
Sois vertueux, tu seras libre,
Ton indépendance est en toi! »

Milly, 26 novembre 1817.

IV

A MA LAMPE

STANCES AU BARON DE VIGNET

Salut, de mes travaux compagne solitaire,
Cher témoin autrefois des plus chères amours !
J'ai perdu mon bonheur, tu gardes ta lumière :
    Elle est pure et belle toujours !

Tu me fais souvenir des beaux jours de ma vie,
Lorsque, de Pompéi visitant les déserts,
J'allais des temps passés évoquer le génie,
    Pleurer et murmurer des vers.

Le soleil achevait son immense carrière ;
J'étais seul au milieu du peuple enseveli,
Et mes regards distraits cherchaient dans la poussière
    Quelques noms sauvés de l'oubli.

Là je te découvris sous la cendre entassée.
Près de toi, de ces lieux triste et frêle ornement,
Une trace restait, mais bientôt effacée,
    Dernier débris d'un sein charmant.

Peut-être à ta lueur la vierge était venue
Implorer dans le temple, aujourd'hui désolé,
Cette félicité qu'elle n'a pas connue,
    Cet amour en vain appelé !

La vierge dans la tombe a péri tout entière :
Jeunesse, pudeur sainte, attraits mystérieux
Qu'à peine devina le regard d'une mère,
    Vous avez passé sous les cieux !

Ah ! vous avez passé comme l'éclair s'élance,
Comme tombe le flot par le flot entraîné,
Comme fait au matin la dernière espérance
    Que rêvait un infortuné !

La beauté n'est donc pas l'idole de la terre !
Je fus un insensé de vivre à ses genoux ;
J'oubliai qu'ici bas, comme nous étrangère,
    L'idole passait comme nous.

Qu'importe qu'elle soit ou propice ou funeste,
Mon âme dans son culte a besoin d'avenir,
D'un dieu qui soit puissant, qui triomphe, et lui reste
    Après les jours qui vont finir!

Oui, je veux m'arracher à tout ce qui s'oublie,
De tout ce qui périt je briserai l'autel,
Et j'irai, ranimant les feux de mon génie,
    Chercher un espoir immortel!

L'aigle dans son repos n'est-il pas l'aigle encore?
Sous son aile superbe il se cache à demi;
Mais il a vu sa proie, il s'élance, il dévore...
    Vous aviez cru l'aigle endormi!

Je vous plains d'avoir cru qu'un enfant de la lyre,
Du lierre impérissable une fois couronné,
Voudrait mourir sans gloire, ou, cédant un empire,
    Vivre comme un roi détrôné.

Jamais, dans mes ennuis reniant ma jeunesse,
Je n'abjurai les dons qu'elle aimait une fois;
Mon sommeil invoquait la muse enchanteresse,
    Et son nom tombait de ma voix.

Et son regard veillait sur mon âme assoupie :
Telle, en la triste nuit, ô lampe, ô pur flambeau,
Quand mes amis en pleurs voyaient pâlir ma vie,
    Tu brillais d'un éclat plus beau!

Ah! ta flamme a toujours étonné ma pensée :
Emblême révéré, bienfait ou châtiment,
Puissance inconcevable entre nos mains laissée,
    Sœur de la vie et du néant!

Un souffle l'a créée, un souffle va l'éteindre.
Elle efface en un jour le nom d'une cité.
Il faut, comme le sort, l'ignorer et la craindre,
    L'admirer comme la beauté.

Voyez-la s'élancer avec impatience!
C'est un esprit d'en haut parmi nous retenu,
Qui nous quitte et s'envole, et, comme l'existence,
    Va chercher le but inconnu!

La nature est partout vers ce terme entraînée.
Ce qu'on nomme la mort est à peine un sommeil;
L'insecte aura son jour, la fleur sa destinée,
    Notre argile aura son réveil.

Savons-nous les secrets de toute la nature?
De chaque bruit du soir perdu dans l'horizon,
Du nuage qui passe et flétrit la verdure,
    Et des feux errants du vallon?

Savons-nous le secret du nid de la colombe?
Avons-nous bien compris la douleur et l'amour,
Le berceau de l'enfant renversé dans la tombe,
    Et la nuit qui succède au jour?

Le murmure des vents n'a-t-il point un langage?
La feuille un livre ouvert où s'égarent nos yeux?
Le torrent qui féconde ou détruit le rivage
	N'a-t-il rien de mystérieux?

N'allons pas soulever ces voiles salutaires!
Jusqu'au moment suprême où nous devrons tout voir
Il vaut mieux ignorer que sonder les mystères,
	Il vaut mieux croire que savoir.

Adieu, ma lampe, adieu! J'ai consacré ta flamme.
Si je crois, si j'espère, ah! veille encor sur moi!
Si le doute orgueilleux s'empare de mon âme,
	Puissé-je m'éteindre avec toi!

V

INSCRIPTION

POUR UN PAVILLON DANS UN PARC

Passants, puissiez-vous à toute heure
Trouver ici repos, innocence et bonheur,
S'il est vrai que toujours l'on trouve en sa demeure
Ce que l'on porte dans son cœur !

Florence, décembre 1826.

VI

L'ÉTOILE

Étoile du matin, mon espoir et ma joie,
Lève-toi dans ta grâce et ta sérénité !
Que ce beau front voilé sous ses boucles de soie
Répande autour de nous un peu de ta clarté !

Sur tes traits enfantins la vie a tous ses charmes :
Ces lèvres de corail ne s'ouvrent qu'au baiser,
Et l'œil y cherche en vain ce sentier que les larmes
Sur toute joue, hélas ! doivent un jour creuser.

Heureux qui peut se dire, en contemplant cet âge :
Douce enfant de mon cœur, voilà ce que je fus !
Mon bonheur dura peu ; mais j'en revois l'image
Dans l'âme et dans les traits que je chéris le plus !

VII

RÉPONSE

On dit qu'en vers harmonieux,
Dans un prophétique délire,
Tu vantes l'éclat de mes yeux,
Mes cheveux, jouets du zéphire,
Et ma grâce, et ce doux sourire
Que l'enfance a reçu des cieux
Pour assurer son doux empire.
Que tes chants sont délicieux !
Que j'aimerais à les redire !
C'est donc là la langue des dieux !
Ah ! je vais, pour l'entendre mieux,
Apprendre moi-même à les lire.

Mais on dit aussi que tes vers
Sont un piège pour mon enfance,
Qu'il faut prolonger l'ignorance
Dont nos premiers ans sont couverts,
Et s'embellir sans qu'on y pense ;
Que l'innocence est un trésor,
La modestie un diadème,
Et qu'aux yeux du monde qui l'aime
Beauté qui s'ignore soi-même
En est cent fois plus belle encor.
Cependant de ton doux hommage
Mon cœur enfant se sent flatté :
L'encens nous enivre à tout âge,
Est-ce plaisir ou vanité ?
Mais par ta muse présenté
Il nous plait encor davantage.
Un jour, quand sous ses blancs frimas
Le temps aura blanchi ta tête,
Je verrai si tu fus prophète
En me promettant tant d'appas ;
Et, payant ton heureux présage
D'un regard de mes yeux charmants,
Je dirai quand j'aurai quinze ans :
Il me chantait avant le temps,
Je le trouve aimable à tout âge.

VIII

A LA COLOMBE

DONNÉE PAR S. A. I. L'ARCHIDUCHESSE CAROLINE
A JULIA

Colombe aux ailes d'or et sous la pourpre née,
    Tu quittes les genoux des rois
Pour venir partager une humble destinée
    Sous les simples voûtes des bois ;

Tu fuis les cours où règne un bruit qui t'importune,
    Où la foudre jamais ne dort,
Où d'un vent éternel l'orageuse fortune
    Ébranle plus souvent le sort.

Ah ! viens ! Je te promets la source au doux murmure,
    Et l'ombre sous les feux du jour,
Et, près d'un cœur enfant qu'échauffe une âme pure,
    Un nid d'innocence et d'amour.

Viens, tu n'entendras plus ces bronzes que l'on traîne
    Devant les nièces des Césars,
Et de son vif éclat la pompe souveraine
    N'étonnera plus tes regards ;

Tu verras l'humble seuil ou les toits des chaumières
    Tout couverts de tes blanches sœurs,
Des agneaux suspendus aux grappes des bruyères,
    De l'eau, de la mousse et des fleurs ;

Tu trouveras des cœurs transparents comme l'onde
    Qui reçoit et rend la clarté,
Ignorant cette langue à l'usage d'un monde
    Où se voile la vérité ;

Des cœurs dont la colombe est le touchant emblème
    Et dont les yeux sont le miroir,
Où la simple vertu qui s'ignore soi-même
    Est modeste sans le savoir ;

De longues amitiés, des amours purs ! Que dis-je ?
    Ah ! si tu cherches ces vrais biens,
Reprends, reprends ton vol ! Par un double prodige
    Ils sont tous aux lieux d'où tu viens !

Tu changerais en vain de toit et de royaume,
  Tes yeux ne trouveront jamais
Plus de simplicité, de bonheur sous le chaume,
  Que tu n'en vis dans ce palais !

Là, le ciel a caché sous l'or du diadème
  Des cœurs purs, des fronts ingénus,
Et cette majesté dont la grandeur suprême
  N'est qu'un voile pour leurs vertus !

Pour Julia de Lamartine.

Livourne, 15 août 1828.

IX

A IDA*

Est-il une langue pareille
A celle qui charme nos sens,
Quand de tes suaves accents
Ta voix enivre mon oreille ?

A l'amour prêta-t-on jamais
Plus de délire ou plus de charmes,
A la passion plus de larmes,
A la volupté plus d'attraits ?

* Madame la comtesse Ida de Bombelles. (Voyez *Harmonies*, livre II, 4. Commentaire.)

Je disais... Dans un long silence
S'éteignent ses divins accords,
Et, pleine de divins transports,
Ida sur la scène s'élance.

Le voile de ses blonds cheveux
Roule en désordre sur sa joue,
Mais son beau front, qui les secoue,
Loin d'elle en rejette les nœuds.

Son haleine abaisse et soulève
Un sein qui palpite d'amour,
Et vers le céleste séjour
Sa paupière humide s'élève.

Ses bras tombent sans mouvement,
Ses doigts amollis s'entrelacent,
Et sur ses genoux qui s'effacent
Son corps fléchit languissamment.

Le désespoir de Madeleine
Sur ses traits semble respirer ;
Elle pleure, tout va pleurer...
Mais un geste a changé la scène.

Ses bras arrondis en berceau
Se recourbent vers sa poitrine,
Son front chargé d'amour s'incline
Pour contempler son doux fardeau :

C'est la Vierge dont l'œil admire
Sur son sein son fils endormi ;
Sa lèvre sourit à demi
Aux lèvres qu'elle voit sourire.

De ses traits la chaste candeur
Nous révèle un divin mystère :
C'est la passion d'une mère,
D'une vierge c'est la pudeur.

Adorez !... Mais non, plus rapide
Que l'œil sur sa trace emporté,
C'est la mère de la beauté
Qui triomphe aux bosquets de Gnide !

X

Fuyons, mon âme, au fond des solitudes,
Fuyons ce monde infidèle ou pervers,
Et secouons, au seuil de ces déserts,
Espoir, amour, désirs, inquiétudes,
Poussière, hélas ! dont nos pieds sont couverts !

Voici des bois, des rochers et des plages
Que la nature a formés de ses mains !
Les seuls torrents ont creusé ces chemins,
L'écume seule aborde ces rivages
Que n'ont jamais foulés des pieds humains !

Là, cherche enfin ton repos en toi-même.
De ton bonheur les songes furent courts !
Loin de ces bords chasse-les pour toujours ;
N'aime plus rien que ce doux ciel qui t'aime,
Au soleil seul demande tes beaux jours !

Au cœur blessé la nature est si douce !
La solitude est la part du malheur.
Déjà le calme est rentré dans mon cœur,
Déjà ma vie a repris sans secousse
Son cours qu'avait suspendu la douleur !

XI

A LA CROIX

Quand tu viendras sur les nuages,
Au jour que ton père a promis,
Juger les peuples et les âges,
Tous dans leur poussière endormis,
Que ce cri conjure ta foudre !
Avant de frapper ou d'absoudre,
De mes paroles souviens-toi !
Du siècle où ma cendre repose,
O Christ, sépare bien ma cause !
Que chacun réponde pour soi !

Je fus homme : insecte éphémère,
Pétri de misère et d'orgueil,
Pécheur dès le sein de ma mère,
Et chancelant jusqu'au cercueil ;
Entre la lumière et le doute
Perdant et retrouvant ma route,
Incertain de ce que je crois,
Comme l'apôtre sans mémoire,
Reniant mon maître au prétoire,
Et le confessant sur la croix !

Mais cet être, honteux mélange
De splendeur et d'obscurité,
N'étouffa jamais dans la fange
Son levain d'immortalité.
Je ne sais quel instinct céleste,
Dernière étincelle qui reste
Quand la vertu s'éteint en nous,
Vivait en moi malgré moi-même,
Comme cette lampe suprême
Que gardait la vierge à l'époux.

XII

HYMNE

Lorsque mon cœur, noyé dans des flots d'amertume,
S'agite en moi, grossi de pleurs lents à couler,
Comme une mer qui s'enfle et jette son écume
Sur le sable désert où Dieu la fait rouler,

Mon cœur cherche une voix pour gémir avec elle !
Les flots en ont, les vents aussi ; mais l'homme, hélas !
Il n'a qu'un triste écho de sa plainte immortelle
Qui résonne en lui-même et ne console pas.

XIII

Souffle de mon printemps, mélodieux génie,
Qui n'étais dans mon sein qu'amour et qu'harmonie,
Je te rends grâce ici d'être encor descendu
Sur mon luth négligé que l'âge a détendu !
Jamais l'aile de feu de ton divin délire
D'un vol plus embaumé n'a caressé ma lyre ;
Jamais l'écho des vers que ta voix m'a dictés
N'a résonné plus juste à mes sens enchantés !
Hélas ! depuis longtemps ta grâce m'abandonne !
Tu fuis vers d'autres fronts, et mon cœur te pardonne.
Le cygne harmonieux, dont les tendres accords
Des fleuves paternels font retentir les bords,
Abandonne de même à leur triste silence
Les eaux dont un long cours ternit la transparence
Où le fleuve orageux, prodigue de ses flots,
Qui se brise en écume et trouble ses échos ;

Mais, remontant aux lieux où l'onde a sa descente,
Il cherche un lit paisible, et la source naissante,
Et le lac étendant son flot brillant et pur
Où son vol réfléchi se double dans l'azur.
Mais, quoique un front plus jeune ait des faveurs plus chères,
Ah! reviens quelquefois, de tes ailes légères,
Effleurer ces cheveux où ton vol incertain
S'est posé tant de fois dans mon riant matin!
Je ne demande pas ces sources d'harmonie
Où ta main généreuse abreuve le génie,
Ni ces chants qui, forçant l'oreille à retenir,
Font retentir longtemps l'écho de l'avenir;
Mais, si mon sein encor que la nature enflamme
Cherche une voix de plus pour exhaler mon âme,
Si le nom d'un ami devant moi prononcé
Soulève tout à coup la cendre du passé,
Si ma voix, dont son cœur a la longue habitude,
Peut réjouir encor sa chère solitude,
Ne me refuse pas un souvenir touchant;
Mais, comme un doux rayon échappé du couchant
A travers le lointain des nuages qu'il dore
Vient recueillir la voix de l'oiseau de l'aurore,
Rends aussi, rends un son à mon luth oublié,
Doux comme le regret d'une antique amitié!

Florence, 10 avril 1828.

XIV

VERS ADRESSÉS A M. GÉRARD

EN LUI ENVOYANT JOCELYN[*]

Sous les traits de Psyché, toi qui peignis une âme,
Pour créer comme toi j'ai fait de vains efforts.
Jette à mes deux amants un rayon de ta flamme,
    Et mes âmes auront un corps.

29 février 1836.

[*] Ces vers sont tirés de la correspondance de François Gérard, publiée par M. Henri Gérard, son neveu; Paris, 1867. Cet ouvrage n'a pas été mis en vente.

XV

SUR UN ALBUM

Dans ce cimetière de gloire,
Vous voulez ma cendre. A quoi bon ?
Pendant que j'inscris ma mémoire
Le temps pulvérise mon nom.

LAMARTINE.

Si le temps, pour montrer jusqu'où va son empire,
Pulvérise en effet le beau nom que voilà,
Qu'il daigne, sur les vers que j'ose encore écrire,
    Jeter un peu de cette poudre-là !

BÉRANGER.

XVI

Celui qui créa la nature
Comme un spectacle pour ses yeux
Prête l'oreille au grand murmure
Que les mondes font dans les cieux.

Il aime l'ouragan qui vibre
Dans les mâts sifflants des vaisseaux,
Et le mugissant équilibre
Que prend la mer avec ses eaux.

Son oreille jouit d'entendre
Dans le Vésuve aux sombres flancs,
Comme un feu veillant sous la cendre,
Grandir le foyer des volcans.

Sous la feuille où l'oiseau se berce
Et chante quand l'étoile a lui,
La source murmurante verse
A chaque goutte un son pour lui.

Les grandes et petites choses
Résonnent dans l'hymne éternel;
La chute des feuilles des roses
Va retentir jusqu'à son ciel.

Mais il est un bruit de la terre,
Plus sonore et plus triomphant,
C'est ton nom, ô Dieu de mystère,
Balbutié par un enfant!

29 janvier 1841

XVII

Cachez-vous quelquefois dans les pages d'un livre
Une fleur du matin, cueillie aux rameaux verts;
Quand vous rouvrez la page après de longs hivers,
Aussi pur qu'au jardin son parfum nous enivre.
Après ces jours bornés qu'ici mon nom doit vivre,
Qu'une odeur d'amitié sorte encor de ces vers!

Paris, avril 1841.

XVIII

ÉPITAPHE POUR Mme MALIBRAN

VERS GRAVÉS SUR SON TOMBEAU

Beauté, génie, amour, furent son nom de femme,
Écrit dans son regard, dans son cœur, dans sa voix.
Sous trois formes au ciel appartenait cette âme :
Pleurez, terre et vous, cieux, accueillez-la trois fois !

Saint-Point, 22 août 1845.

XIX

SUR UN ALBUM

OÙ M. DE CHATEAUBRIAND AVAIT SIGNÉ SON NOM

Comment signer un nom sous ce rayon de gloire ?
C'est d'une ombre immortelle abriter sa mémoire.

XX

SUR LA

CATHÉDRALE DE BOURGES

Ce triste passager du vaisseau de la terre,
L'homme, comme Noé, construit l'arche sans port :
Pour océan les jours, pour étoile un mystère !
Il erre en criant route !. il sombre en criant bord !
Et la nef en débris trace en noir caractère
Le profil d'un cercueil sur le ciel de la mort.

Mars 1849.

XXI

À Mme HUBER DE LILLE

Quand l'Inde vit partir cette enfant de ses ondes
Les étoiles du ciel pleurèrent sur les mâts ;
Mais le ciel glorieux la fit voir à deux mondes
Pour qu'un seul cri d'amour jaillît de deux climats.

Paris, 4 mai 1850.

XXII

A UNE JEUNE FILLE

Si la vie a pour toi quelque saveur amère,
Jette-toi sur ce cœur où ton front se complait;
Souviens-toi de la source où t'abreuvait ta mère,
Et redemande au ciel le goût du premier lait!

23 mars 1857.

XXIII

A Mme RUSCAS

AMÉRICAINE DE LA NOUVELLE-GRENADE

VERS INSCRITS SUR UNE PAGE OU ROSSINI
AVAIT ÉCRIT QUELQUES NOTES DE MUSIQUE

Les échos du théâtre épars dans les deux mondes
En applaudissements lui rendent ses concerts.
Plus modeste que lui, belle fille des ondes,
Je ne voudrais qu'un cœur pour écho de mes vers !

Paris, 16 mai 1859.

XXIV

De l'amour du pays quand mon âme guérie
Cherche une île où le sort aurait moins de rigueur,
Je songe à toi, Maurice, et je dis : la patrie
N'est ni l'air, ni le ciel, ni le sol, c'est le cœur !

XXV

A M.me...

Je ne fis qu'entrevoir en passant ton visage.
Mon œil depuis ce jour reste ébloui de toi :
Je plains le flot du Rhône où se peint ton image ;
Il la perd en fuyant, je l'emporte avec moi.

XXVI

O mère, courbez-vous sous cette main divine,
Même quand de la vie elle fauche les fleurs !
Car elle arrache l'herbe, et laisse la racine
Pour déchirer nos seins et refleurir ailleurs !

XXVII

Signez-moi, dites-vous, le nom dont on vous nomme,
Pour qu'en mon souvenir il demeure immortel.
Mon nom? Je le veux bien, mais dites-moi lequel?
Est-ce celui du corps? il périt avec l'homme;
Est-ce celui de l'âme? on ne le sait qu'au ciel.

XXVIII

LE ROI DAVID

POUR UNE PAGE STYLE MOYEN AGE

Seconde voix du cœur qui pleure,
Larme sonore du saint lieu,
Poésie, harpe intérieure,
Seule langue qui parle à Dieu!

Ce roi de la lyre divine,
A qui le Seigneur en fit don,
Te pressait contre sa poitrine
Pour lui dire grâce ou pardon!

Ah ! sur tes cordes attendries
Toute âme humaine a son accent :
La terre fume quand tu pries,
Quand tu chantes le ciel descend.

XXIX

A UN ENFANT

HENRY LYTE, PARTANT DE MONCEAU

Quand tu te souviendras de la charmante hégire
Où, posé pour un soir au bord de mon ruisseau,
Deux mères t'adoraient de leur pieux sourire,
Deux anges à genoux t'adoraient au berceau ;

Quand tu te souviendras de la langue inconnue
Que la maison parlait, ruche d'un autre essaim,
Des baisers qui marbraient ta belle épaule nue,
Des lys moins blancs que toi qu'on jetait dans ton sein;

Quand tu te souviendras de ces genoux de femme,
Où l'on se disputait le soin de t'assoupir,
Où tout un cher foyer, dont tu paraissais l'âme,
De peur de t'éveiller retenait son soupir;

Quand tu te souviendras des belles grappes mûres
Qui, sous la vigne jaune arrondie en berceau,
Faisaient lever tes mains, avec de doux murmures
De ne pouvoir atteindre où becquetait l'oiseau;

De tes jeux sur la source avec les coquillages,
Des feuilles qui pleuvaient du saule murmurant,
Et des barques de noix qu'à de riants naufrages,
Comme des rêves d'homme, entraînait le courant;

Quand tu commenceras à la trouver amère,
Cette coupe de Dieu, qui n'est douce qu'au bord,
Et que tu suivras seul sans la main de ta mère
La route où chaque pas trébuche sur la mort;

Souviens-toi de l'année, et du mois, et de l'heure,
Et dis, en revoyant en songe ce séjour:
« Que la paix d'un long soir soit sur cette demeure
Où j'apportai la joie, où j'emportai l'amour! »

Monceau, 28 novembre 1852

XXX

A Mme RISTORI

Toi qu'au tragique Arno la riche France envie,
Tu rends au grand Toscan* plus que tu ne lui dois ;
Si Dieu le fit poëte, il te fit poésie ;
Du timbre de ton cœur la scène a fait sa voix.

Dites, vous qui pleurez, lequel est le poëte,
De celui qui nota sous son doigt ces accents,
Ou de celle qui prend sur la page muette
Ces fantômes sans corps et leur prête des sens ?

* Alfieri.

C'est lui ! c'est toi ! c'est vous ! Vous n'êtes pas deux âmes !
La gloire en vous nommant vous doit l'égalité :
Tu donnes de ton sang aux ombres de ses drames,
Et ce sang t'associe à l'immortalité.

Le drame est l'instrument où dort la lettre morte.
C'est en vain qu'il contient tous les accords humains ;
Il faut, pour que la joie ou la douleur en sorte,
Que le clavier du cœur soit frappé par tes mains.

Le marbre de Memnon sentait, bien qu'il fût pierre ;
Mais son âme, ô soleil, n'était que ta chaleur !
Nous pleurons, mais, avant de mouiller la paupière,
Ces larmes de nos yeux ont coulé de ton cœur !

XXXI

A M. LE Cte DE FONTENAY

L'ARBRE coupé par toi pour m'en faire une offrande,
Arraché d'ici-bas, plus haut va rajeunir.
Je ne demande pas à Dieu qu'il te le rende,
Car l'ombre la plus douce est un beau souvenir.

Les oiseaux de ses nids, quand l'été va renaître,
N'y rassembleront plus leur chœur aérien,
Mais ils gazouilleront plus près de ta fenêtre
La musique du cœur qui nous dit: Tu fis bien.

28 janvier 1860.

XXXII

A Mlle CAMILLE DE FORAZ

NÉE EN CHABLAIS, FIANCÉE EN BOURGOGNE

QUI ME DEMANDAIT MON PORTRAIT

J'errai tout un été dans ton frais paysage,
Poursuivant d'un cœur jeune un rêve aérien.
Le rêve avait tes traits, tes yeux, ta voix, ton âge ;
Mais tu n'étais pas née, et je n'embrassai rien !

Fleur des glaciers natals, que tu tardas d'éclore !
L'ange qui marque l'heure à chaque floraison,
Jaloux de nos regards, te disait : Pas encore !...
Quand il neigeait sur nous, tu perçais le gazon.

Celui qui t'attendait à ta première feuille
Revient à la vingtième et s'en laisse éblouir.
« Que le jour la respire et que la nuit la cueille,
Se dit-il, je l'ai vue, admirer c'est jouir! »

Et maintenant l'amour à ta tige t'enlève
Et t'apporte fleurir tout près de mon tombeau;
Mais au dernier sommeil ne faut-il pas son rêve?
Sois le pavot du Gange, et fais-moi rêver beau!

Viens, sois heureuse au sein de l'époux qu'on envie!
Que, sur vos deux cadrans dont l'ombre fait le tour,
L'aiguille fugitive après qui fuit la vie
S'arrête à la même heure en arrêtant l'amour!

Mais, au pays de l'âme où du moins rien ne change,
En songe laisse-moi te revoir trait par trait;
De nos illusions faisons un doux échange:
Tu me donnas le rêve, accepte le portrait!

Château de Saint-Point, 20 janvier 1861.

XXXIII

SOUS LE PORTRAIT
DE
Mme EUGÉNIE CASSAS

Songe de Raphaël au printemps de son âge,
Que la beauté suprême éveille et décourage!
Vision de Pétrarque éteinte de langueur!
Tercet du Dante à peine ébauché sur la page,
Où Béatrice entr'ouvre et referme un nuage!...
Non, ces traits ont vaincu l'art, le mot, la couleur;
Incarner l'idéal est l'œuvre du Seigneur.

La nature en toi seul acheva leur ouvrage.
Aux rayons émanés de ce chaste visage,
Heureux qui de beauté désaltère son cœur !
Heureux même qui peut en contempler l'image !
Quand la soif de l'Éden altère un voyageur,
S'il ne boit de la lèvre au fleuve du bonheur,
    Il boit des yeux dans le mirage !

Paris, 10 avril 1854.

XXIV

POUR UNE FONTAINE

Sachons nous contenter de l'eau qui nous abreuve ;
Pour qui boit à sa soif la goutte vaut un fleuve.

On a cru devoir ajouter à ces poésies inédites des versions nouvelles de l'*Immortalité* et du *Lac*, tirées des manuscrits de Lamartine, ainsi qu'une page en prose où se trouve la première idée du *Crucifix*. Les variantes et les strophes inédites sont indiquées en lettres italiques.

MÉDITATION

A JULIE

Le soleil de nos jours pâlit dès son aurore,
O ma chère Julie! A peine il jette encore
Quelques rayons tremblants qui combattent la nuit;
L'ombre croît, le jour meurt, tout s'efface et tout fuit.

Qu'un autre à cet aspect *ou recule ou frémisse!*
Qu'il *craigne de fixer le fond* du précipice!
Qu'il ne puisse de loin entendre sans *pâlir*
Le triste chant des morts tout prêt à retentir,
*Le bruit du fossoyeur qui, d'un bras mercenaire,
Pour un prochain cercueil creuse, en sifflant, la terre,*
Ou l'airain gémissant dont les *accents confus*
Annoncent aux mortels qu'un malheureux n'est plus!

Je te salue, ô mort ! Libérateur céleste,
Tu ne m'apparais point sous cet aspect funeste
Que t'a prêté longtemps l'épouvante ou l'erreur ;
Ton bras n'est point armé d'un glaive destructeur,
Ton front n'est point cruel *ni ton regard perfide ;*
La nuit n'est pas ta sœur ni le hasard ton guide ;
Tu n'anéantis pas, tu délivres : ta main,
Céleste messager, porte un flambeau divin.
Quand mon œil fatigué se ferme à la lumière,
Tu viens d'un jour plus pur inonder ma paupière ;
Et l'espoir, près de toi, rêvant sur un tombeau,
De l'avenir caché déchire le rideau.
Viens donc, viens détacher mes chaînes corporelles !
Viens, ouvre ma prison ; viens, prête-moi tes ailes !
Que tardes-tu ? Parais ; que je m'élance enfin
Vers *ce tout* inconnu, mon principe et ma fin !

— Qui m'en a détaché ? Qui suis-je, et que dois-je être ?
Je meurs, et ne sais pas ce que c'est que de naître.
Toi qu'en vain j'interroge, esprit, hôte inconnu,
Avant de m'animer, quel ciel habitais-tu ?
Quelle main t'a jeté sur ce globe fragile ?
Quelle main t'enferma dans ta prison d'argile ?
Par quels nœuds étonnants, par quels secrets rapports,
Le corps tient-il à toi comme tu tiens au corps ?
Quel jour séparera *l'esprit* de la matière ?
Pour quel nouveau *séjour* quitteras-tu la terre ?
As-tu tout oublié ? Par delà le tombeau
Vas-tu renaître encor dans un oubli nouveau ?

Vas-tu recommencer une semblable vie?
Ou dans le sein de Dieu, *ton centre* et ta patrie,
Affranchi pour jamais de tes liens mortels,
Vas-tu jouir enfin de tes droits éternels?

— Oui, tel est mon espoir, *ô ma chère Julie!*
C'est par lui que déjà mon âme raffermie
A pu voir sans effroi sur tes traits enchanteurs
Se faner du printemps les brillantes couleurs;
C'est par lui que, percé du trait qui me déchire,
Jeune encore, en mourant, *ma bouche peut* sourire,
Et que des pleurs de joie, à nos derniers adieux,
A ton dernier regard, brilleront dans mes yeux.

Vain espoir! s'écriera ce docteur au front blême,
Qui croit par A plus B résoudre ce problème,
Et qui, soumettant tout à son étroit compas,
Rejette hardiment ce qu'il ne comprend pas.
Vain espoir! s'écriera le troupeau d'Épicure,
Et celui dont la main disséquant la nature,
Dans un coin du cerveau nouvellement décrit,
Voit penser la matière et végéter l'esprit.
Insensé, diront-ils, que trop d'orgueil abuse!
Regarde autour de toi : tout commence et tout s'use;
Tout marche vers un terme et tout naît pour mourir;
Dans ces prés jaunissants tu vois la fleur *pâlir,*
Tu vois dans ces forêts le cèdre au front superbe
Sous le poids de ses ans tomber, ramper sous l'herbe;
Dans leurs lits desséchés tu vois les mers tarir;
Les cieux mêmes, les cieux commencent à pâlir;

Cet astre dont le temps a caché la naissance,
Le soleil, comme nous, marche à sa décadence,
Et dans les cieux déserts les mortels éperdus
Le chercheront un jour et ne le verront plus !
Tu vois autour de toi dans la nature entière
Les siècles entasser poussière sur poussière ;
Et le temps, d'un seul pas confondant ton orgueil,
De tout ce qu'il *enfante est le vaste* cercueil.
Et l'homme, et l'homme seul, ô sublime folie !
Au fond de son tombeau croit retrouver la vie,
Et dans le tourbillon au néant emporté,
Abattu par le temps, rêve l'éternité !

Philosophes cruels, je ne puis vous répondre :
Ma raison aisément se laisserait confondre.
Pour saper notre espoir jusqu'en son fondement
Vous avez l'univers, je n'ai qu'un sentiment.
Mais moi, quand je verrais dans les célestes plaines
Les astres, s'écartant de leurs routes certaines,
Dans les champs de l'éther l'un par l'autre heurtés,
Parcourir au hasard les cieux épouvantés ;
Quand j'entendrais gémir et se briser la terre ;
Quand je verrais son globe errant et solitaire,
Flottant loin des soleils, pleurant l'homme détruit,
Se perdre dans les champs de l'éternelle nuit ;
Et quand, dernier témoin de ces scènes funèbres,
Entouré du chaos, *de mort et de* ténèbres,
Seul je serais debout : seul, malgré mon effroi,
Être infaillible et bon, j'espérerais en toi,

Et, certain du retour de l'éternelle aurore,
Sur *les débris du tout* je t'attendrais encore!

Souvent, tu t'en souviens, dans cet heureux séjour
Où naquit d'un regard notre *éternel* amour,
Tantôt sur *le sommet* de ces rochers antiques,
Tantôt aux bords déserts des lacs mélancoliques,
Sur l'aile du désir, loin du monde emportés,
Je plongeais avec toi dans ces obscurités.
Les ombres, à longs plis descendant des montagnes,
Un moment à nos yeux dérobaient les campagnes;
Mais bientôt, s'avançant sans éclat et sans bruit,
Le chœur mystérieux des astres de la nuit,
Nous rendant les objets voilés à notre vue,
De ses molles lueurs revêtait l'étendue:
Telle, en nos temples saints par le jour éclairés,
Quand les rayons du soir *s'éteignent* par degrés,
La lampe, répandant sa pieuse lumière,
D'un jour plus recueilli remplit le sanctuaire.
Dans ton ivresse alors tu *promenais tes* yeux
Et des cieux à la terre, et de la terre aux cieux :
« Dieu caché, disais-tu, la nature est ton temple!
L'esprit te voit partout quand notre œil la contemple;
De tes perfections qu'il cherche à concevoir
Ce monde est le reflet, l'image *et* le miroir;
Le jour est ton regard, la beauté ton sourire;
Partout le cœur t'adore et l'âme te respire;
Éternel, infini, tout-puissant et tout bon,
Ces vastes attributs n'achèvent pas ton nom;

Et l'esprit, accablé *par* ta sublime essence,
Célèbre ta grandeur jusque *par* son silence.
Et cependant, ô Dieu! par sa *première* loi,
Cet esprit *imparfait s'élève jusqu'à* toi,
Et, sentant que l'amour est la fin de son être,
Impatient d'aimer, brûle de te connaître. »

Tu disais; et nos cœurs unissaient leurs soupirs
Vers cet être inconnu *que cherchaient* nos désirs :
A genoux devant lui, l'aimant dans ses ouvrages,
Et l'aurore et le soir lui portaient nos hommages,
Et nos yeux *humectés* contemplaient tour à tour
La terre notre exil, et le ciel son séjour.

Ah! si dans cet instant, renversant les barrières
Dont les sens captivaient nos âmes prisonnières,
Ce Dieu, du haut du ciel répondant à nos vœux,
D'un trait libérateur nous eût frappés tous deux,
Nos âmes, d'un seul bond remontant vers leur source,
Ensemble auraient franchi les mondes dans leur course;
A travers l'infini, sur l'aile de l'amour,
Elles auraient monté comme *deux traits* du jour,
Et, jusqu'à Dieu lui-même arrivant éperdues,
Se seraient dans son sein *à* jamais confondues!
Ces vœux nous trompaient-ils? Au néant destinés,
Est-ce pour le néant que les êtres sont nés?
Non, cet Être parfait, suprême Intelligence,
A des êtres sans but n'eût pas donné naissance;
Non! ce but est caché mais il doit s'accomplir,
Et ce qui peut aimer n'est pas né pour mourir!...

— Et cependant, jeté dans les déserts du monde,
L'homme, pour s'éclairer dans cette nuit profonde,
N'a qu'un jour incertain, qu'un flambeau vacillant
Qui perce à peine l'ombre et meurt au moindre vent.
Et, tel qu'aux sombres bords l'ombre des Danaïdes
S'efforce de remplir des urnes toujours vides,
Poussé par son esprit, tourmenté par son cœur,
L'un cherche la lumière, et l'autre le bonheur;
L'un, sans cesse entouré de nuages funèbres,
Creusant autour de soi ne trouve que ténèbres,
Et, suivant vainement la lueur qui le fuit,
De la nuit échappé, retombe dans la nuit;
L'autre, altéré d'amour, enivré d'espérance,
Vers un but fugitif incessamment s'élance;
Toujours près de l'atteindre et toujours abusé,
Sur lui-même à la fin il retombe épuisé.
Ainsi, l'homme flottant de misère en misère
Du berceau vers la tombe achève la carrière,
Et, du temps et du sort jouet infortuné,
Descendant au tombeau, dit : « Pourquoi suis-je né ? »
— Pourquoi ? pour mériter, pour expier peut-être.
Et puisque tu naquis il était bon de naître!

ODE AU LAC DU B...

Ainsi, toujours poussés vers de nouveaux rivages,
Sans pouvoir rien fixer, entraînés sans retour,
Ne pourrons-nous jamais sur l'océan des âges
    Jeter l'ancre un seul jour?

Beau lac! l'année à peine a fini sa carrière,
Et près des flots chéris qu'elle *voulait* revoir,
Regarde! je viens seul m'asseoir sur cette pierre
    Où tu la vis s'asseoir!

Tu mugissais ainsi sous ces roches profondes;
Ainsi tu te brisais sur leurs flancs déchirés;
Ainsi le vent jetait l'écume de tes ondes
    Sur ses pieds adorés.

Un soir, t'en souvient-il? nous voguions en silence ;
On n'entendait au loin, sur l'onde et sous les cieux,
Que le bruit des rameurs qui frappaient en cadence
    Tes flots harmonieux.

Tout à coup des accents inconnus à la terre
Du rivage charmé frappèrent les échos ;
Le flot fut attentif, et la voix qui m'est chère
    Chanta ces tristes mots :

« O temps, suspends ton vol ! et vous, heures propices,
    Suspendez votre cours !
Laissez-nous savourer les rapides délices
    Des plus beaux de nos jours !

« Assez de malheureux ici-bas vous implorent :
    Coulez, coulez pour eux ;
Prenez avec leurs jours les soins qui les dévorent ;
    Oubliez les heureux !

« Mais je demande en vain quelques moments encore,
    Le temps m'échappe et fuit ;
Je dis à cette nuit : Sois plus lente, et l'aurore
    Va dissiper la nuit.

« Aimons donc, aimons donc ! de l'heure fugitive,
    Hâtons-nous, jouissons !
L'homme n'a point de port, le temps n'a point de rive ;
    Il coule, et nous passons ! »

Elle se tut : nos cœurs, nos yeux se rencontrèrent;
Des mots entrecoupés se perdaient dans les airs;
Et dans un long transport nos âmes s'envolèrent
   Dans un autre univers.

Nous ne pûmes parler; nos âmes affaiblies
Succombaient sous le poids de leur félicité;
Nos cœurs battaient ensemble, et nos bouches unies
   Disaient : Éternité!

Juste ciel! se peut-il que ces moments d'ivresse
Où l'amour à longs flots nous verse le bonheur
S'envolent loin de nous de la même vitesse
   Que les jours de malheur?

Eh quoi! n'en pourrons-nous fixer au moins la trace?
Quoi! passés pour jamais? quoi! tout entiers perdus?
Ce temps qui les donna, ce temps qui les efface,
   Ne nous les rendra plus?

Éternité, néant, passé, sombres abîmes,
Que faites-vous des jours que vous engloutissez?
Parlez : nous rendrez-vous ces *délices* sublimes
   Que vous nous ravissez?

O lac! rochers muets! *imposante verdure!*
Vous que le temps épargne ou qu'il *sait* rajeunir,
Gardez de cette nuit, gardez, belle nature,
   Au moins le souvenir!

Qu'il soit dans ton repos, qu'il soit dans tes orages,
O lac, et dans l'aspect de tes riants coteaux,
Et dans ces noirs sapins, et dans ces rocs sauvages
  Qui pendent sur tes eaux !

Qu'il soit dans le zéphyr qui frémit ou qui passe,
Dans les *chants* de tes bords par tes bords répétés,
Dans l'astre au front d'argent qui blanchit ta surface
  De ses molles clartés !

Que le vent qui gémit, le roseau qui soupire,
Que les parfums légers de ton air embaumé,
Que tout ce qu'on entend, l'on voit ou l'on respire,
  Tout dise : Ils ont aimé !

Aix-en-Savoie, septembre 1817.

IL CRUCIFISSO

Image d'un Dieu sauveur, espérance du coupable, gage d'immortalité pour le malheureux, reçois sur tes pieds divins ce baiser baigné de larmes!

Quand je souffre, je jette les yeux sur tes yeux ternis par la mort; je contemple ce front divin luttant pour l'homme entre la pitié et la douleur.

Ses bras s'étendent pour embrasser les fils du péché, son regard s'élève au ciel pour appeler la miséricorde, et tous ses muscles tendus par la douleur se dessinent sur son corps expirant.

Que de larmes aussi n'as-tu pas vu répandre! que de baisers n'as-tu pas reçus! que de soupirs n'as-tu pas recueillis, depuis le jour où le sculpteur inspiré grava sa pensée sublime sur l'ivoire, où le pontife te bénit et te consacra!

Tu as passé de mourant en mourant, de douleur en douleur, jusqu'à celle qui, à sa dernière heure, te colla sur ses lèvres et exhala son dernier soupir et son dernier adieu sur l'image miséricordieuse de son Dieu.

Tiède encore de son dernier baiser, humide encore de ses dernières larmes, je te recueillis alors comme un gage deux fois saint, comme un souvenir de la mort, comme un garant d'immortalité.

Depuis ce jour, tu n'as pas quitté mon sein, tu as compté mes soupirs et mes angoisses, et mes lèvres ont usé l'ivoire amolli par mes larmes.

O croix adorée, héritage saint, consacré par la piété et par la mort, je crois voir encore sur ton bois la trace du dernier baiser qu'imprimèrent les lèvres mourantes de celle qui n'est plus.

Reste à jamais pressé sur mon cœur, reste à jamais collé sur mes lèvres! Quand la voix de celle qui t'a légué à moi se fera entendre, reçois mon dernier soupir comme tu as reçu le sien; bénis ma dernière douleur, consacre ma dernière larme, et sois recueilli par une main chérie sur ma bouche glacée!

TABLE

TABLE

Préface 1

TRAGÉDIES ET POÈMES

Médée, tragédie 1
Plan d'une Médée 77
Plan de Zoraïde 87
Zoraïde, tragédie. — Fragment 103
Les Visions 141
Invocation 163
Première vision 166
Seconde vision 188
Fragment du Chevalier 204

POÉSIES DIVERSES

Fragment détaché du poëme de Clovis	255
Ode à mademoiselle Fanny de V.	257
L'ombre de Victor Alfieri	261
A ma lampe	265
Inscription pour un Pavillon	270
L'Étoile	271
Réponse	273
A la Colombe	275
A Ida	278
Fuyons, mon âme	281
A la Croix	283
Hymne	285
Souffle de mon printemps	286
Vers adressés à M. Gérard	288
Sur un album	289
Celui qui créa la nature	290
Cachez-vous quelquefois	292
Épitaphe pour madame Malibran	293
Vers écrits sous la signature de M. de Chateaubriand	294
Sur la cathédrale de Bourges	295
A madame Huber de Lille	296
A une jeune fille	297
A madame Ruscas	298
De l'amour du pays	299
Je ne fis qu'entrevoir	300
O mère, courbez-vous	301
Signez-moi, dites-vous	302
Le roi David	303
A un enfant	305
A madame Ristori	307
Au comte de Fontenay	309

A mademoiselle Camille de Foraz 310
Sous le portrait de madame Cassas 312
Pour une fontaine 314
Méditation 317
Ode au lac du B. 324
Il Crucifisso 328

FIN DE LA TABLE

Achevé d'imprimer

Le vingt-quatre juillet mil huit cent quatre-vingt six

PAR

ALPHONSE LEMERRE

25, RUE DES GRANDS-AUGUSTINS

A PARIS

ŒUVRES COMPLÈTES
DE
LECONTE DE LISLE

POÉSIE

Poèmes barbares, 1 vol. in-8° (épuisé).	
Poèmes antiques, 1 vol. in-8°, avec portrait. . . .	7 50
Poèmes tragiques, 1 vol. in-8°.	7 50

THÉATRE

Les Érinnyes, drame antique en deux parties, en vers, 1 vol. in-18.	2 »

ÉDITION ELZÉVIRIENNE

Horace, texte et traduction, 2 vol. petit in-12, papier vergé (épuisé).	
Poèmes barbares, 1 vol. petit in-12, papier teinté. .	6 »
Poèmes antiques, 1 vol. petit in-12, papier teinté, avec portrait.	6 »
Poèmes tragiques, 1 vol. petit in-12, papier teinté.	6 »
Histoire du Christianisme, 1 vol. in-12. . . .	1 »

ÉDITION IN-16

Le Sacre de Paris, 1 vol.	» 50
Le Soir d'une Bataille, 1 vol.	» 50

TRADUCTIONS

Eschyle. Œuvres complètes, traduction nouvelle en prose. 1 vol. in-8°.	7 50
Homère. Iliade, traduction nouvelle en prose, 1 vol. in-8°	7 50
— Odyssée, Hymnes, Épigrammes, Batrakhomyomakhie, traduction nouvelle en prose, 1 vol. in-8°. . .	7 50
Hésiode. Hymnes orphiques, Théocrite, Bion, Moskhos, Tyrtée, Odes anacréontiques, traduction nouvelle en prose, 1 vol. in-8°.	7 50
Sophocle, traduction nouvelle en prose, 1 vol. in-8°	7 50
Euripide, traduction nouvelle en prose, 2 vol. in-8°. .	20 »

SOUS PRESSE

L'Apollonide, poème lyrique en trois parties.

EN PRÉPARATION

Les États du Diable, poème.
Aristophane, traduction nouvelle en prose.

Paris. — Imp. A. Lemerre, 25, rue des Grands-Augustins.

www.ingramcontent.com/pod-product-compliance
Lightning Source LLC
Chambersburg PA
CBHW050738170426
43202CB00013B/2294